50⁺ 플러스

스마트 시니어에
주목하라

50⁺ 스마트 시니어에 주목하라

초판 1쇄 인쇄 2021년 4월 30일
초판 1쇄 발행 2021년 5월 6일

지은이 이수원

펴낸이 김찬희
펴낸곳 끌리는책

출판등록 신고번호 제25100-2011-000073호
주소 서울시 구로구 연동로11길 9, 202호
전화 영업부 (02)335-6936 편집부 (02)2060-5821
팩스 (02)335-0550

이메일 happybookpub@gmail.com
페이스북 happybookpub
블로그 blog.naver.com/happybookpub
포스트 post.naver.com/happybookpub
스토어 smartstore.naver.com/happybookpub

ISBN 979-11-87059-67-7 03320
값 13,000원

50+ 플러스

Sense
Money
Art
Re-Creation
Technology

스마트 시니어에 주목하라

이수원 지음

끌리는책

SMART한
시니어 세대가 오고 있다

2018, 2020, 2023, 2026.

위에 적은 연도들은 우리나라 시니어와 관련해서 매우 의미가 깊은 해다. 2018년에는 65세 이상 인구가 전체 인구의 14%를 넘어 고령 사회로 진입했다. 2020년에는 우리나라 베이비붐 세대(1955~1963년생)의 맏형인 1955년생이 65세가 되어 공식 기준으로 노인이 되었다. 즉 베이비붐 세대가 노인 인구로 편입되기 시작한 것이다.

2023년은 그 유명한 58년생들이 65세가 되어 노인이 되는 해다. 단군 이래 가장 많은 아이가 태어났다고 하는 58년생은 숫자도 많지만 고교 평준화 원년을 거치고, 1980년대 고도성장의 현장에서 활약하는 등 항상 주목받은 사람들이다. 이들이 공식적으로 노인이 된다는 것은 큰 의미가 있다. 2026년에는 65세 이상 인구가 전체 인구의 20%를 넘어 초고령 사회로 진입하게 된다.[1] 한국은 전 세계에서 가장 빠른 속도로 고령화 사회에서 고령 사회를 거쳐 초고령 사회로 진입하는 나라다. 세계적인 고령국가로 알려진 일본도 36년이 걸렸는데, 우리나라는 불과 26년 만에 고령 사회로 진입하게 되는 것이다. 이민 등으로 인구 변동성이 높은 미국은 2036년에야 초고령 사회가 된다고 한다.

이렇게 불과 8년 사이에 우리나라 시니어와 관련하여 주목할 만한 일들이 벌어지고 있다. 여기서 먼저 정리해야 할 것은 시니어라는 단어의 개념이다. 통상적으로는 50세 이상의 연령을 시니어라 말한다. 노인의 기준은 65세지만 시니어의 기준 연령은 50세부터. 외국에서는 시니어라는 단어에 부정적 반응을 보이는 사람들을 고려하여 50^+라는 용어도 사용하고 있다. 이 경우 60^+, 70^+로 쉽게 구분지어 사용할 수 있어 편리하다.

일반적으로 활동성과 건강 상태 등을 고려하여 50~64세, 65~74세, 75세 이상으로 시니어 집단을 구분할 수 있다. 따라서 세 집단을 단일한 관점으로 파악하는 것이 바람직하지는 않겠지만, 현재 우리나라는 시니어 관련 연구가 부족한 상황이기 때문에 여기서는 포괄적으로 접근하도록 하겠다. 물론 이러한 구분도 평균 수명의 증가 여부와 건강 상태 변화 등에 따라 기준이 변경될 수 있을 것이다. UN에서는 이미 18~65세는 청년, 65~79세는 중년, 80~99세는 노년이라는 획기적인 기준을 제시했다. 머지않은 시기에 55~69세, 70~79세, 80세 이상으로 집단 구분 기준이 바뀌지 않을까 예상한다. 아무튼 이제 시니어는 어떤 산업 영역이든 반드시 관심을 가져야 하는 집단이 되고 있다.

한국보건산업진흥원에 따르면, 고령친화 산업 시장 규모는 2015년 39조 3천억 원에서 2020년 72조 8천억 원으로 급격히 성장했다. 다른 연구에서는 2020년 시니어 소비시장이 125조 원에 이를 것이라는 예측도 있으며, 보건복지부 저출산고령사회위원회에서는 2020년 시장 규모를 148조 5천억 원으로 예상한 바 있다. 계산 방식에 따라 차이가 있지만 시니어 시장이 급격히 커지고 있다는 것만큼은 일치된 의견이다.

이런 시니어에 대해 연구자들은 과거의 시니어와 다르게 구분하여 새로운 정의를 내리고 있다. 대표적인 표현이 '뉴 시니어'와 '액티브 시니어'다. 물론 의미 있는 개념 정의지만 지금 주목받고 있는 시니어를 제대로 담은 표현인지에 대해서는 아쉬움이 있다.

뉴시니어는 과거 시니어와의 구분에 초점을 맞추고 있지만 지금의 시니어에 뚜렷한 이미지를 부여하지는 못하고 있다. 액티브 시니어 역시 요즘 시니어의 역동성에 초점을 맞추고 있지만 역동성이란 개념이 현재 시니어의 모습을 제대로 담아내고 있는지에 대해서는 다소 의문이 든다. 그래서 이 책에서는 SMART 시니어라는 새로운 개념을 이야기해보고자 한다.

SMART는 Sense, Money, Art, Re-Creation, Technology의 첫 글자를 딴 약칭이다. 즉 시대에 뒤떨어지지 않는 센스를 갖추고, 일정한 경제력이 있으며, 문화예술에 대한 관심이 높고, 여가활동은 물론 자기 스스로를 재창조하는 활동을 적극적으로 하며, 발전하는 각종 테크놀로지에 거부감을 갖지 않고 주체적으로 수용하고 활용하는 시니어를 말한다.

다른 면에서 SMART는 지금의 시니어에게 바치는 헌사다. 과거와 같이 일방적 돌봄과 걱정의 대상인 시니어, 또는 지나치게 권위적이고 변화를 거부하는 시니어가 아니라 지혜롭게 새로운 삶을 개척하며 사회와 주변에 긍정적인 영향을 주는 지금의 시니어에게 존경을 표하고 싶다.

이제 SMART 시니어의 모습을 따라가면서 편견 없이 제대로 이해해보려고 한다. 지금은 물론 향후 시장의 한 축으로 더욱 든든하게 서게 될 그들을 파악할 필요가 있다. 그래서 시니어 대상 마케팅의 초석을 만들어보겠다는 것이 광고회사 경력 30년의 내가 이 책을 쓰게 된 이유다.

지금 마케팅 현장에서는 밀레니얼 세대, Z세대에 대한 이야기로 가득하다. 물론 그들이 트렌드를 만들고 선도하는 능력이 있다는 것은 인정한다. 하지만 인구구조를 제대로 반영하지 못한 채 그들에게만 관심이 쏠리는 것은 바람직하다고 볼 수 없다. 트렌드라고 이야기하지만 '젊은 층에 영합하는 풍토는 아닌가' 하는 생각도 든다. 솔직히 젊은이들의 트렌드를 모르면 아재라고 놀림을 받고, 그것이 두려워 젊은 문화에 영합하려는 세태 같다는 생각이 든다. 균형을 잃은 생태계는 반드시 어려움을 겪는다. 시니어와 M세대, Z세대를 균형 있게 바라보고, 최적의 해결책을 모색하는 지혜가 필요하다.

만약 시니어가 활력을 잃고, 경제 주체로서 적극적으로 활동하지 않으며, 부양 대상으로만 머문다면 젊은 세대의 부담은 날이 갈수록 커질 것이고, 우리 경제 역시 침체될 가능성이 높다.

결국 시니어가 미래 사회를 좌지우지하는 중요한 열쇠가 될 수 있다. 이토록 중요한 시니어를 이해하는 데 이 책이 작은 도움이 되길 바란다.

부족한 원고에 관심을 갖고 출판을 결심해주신 끌리는책 김찬희 대표님께 감사드린다.

오랜 시간, 인생의 동반자로 늘 응원해주는 아내와 미래의 꿈을 향해 나아가고 있는 아들에게 고맙다고 말하고 싶다. 지금도 하늘에서 막내아들과 막내사위를 걱정하고 계실, 부모님과 장인 장모님께도 머리 숙여 인사드린다.

2021년 4월

이수원

차례

50⁺
SMART SENIOR

>> 1 >>

왜 시니어 마케팅인가

어른들이 흔히 하는 이야기가 있다. "너는 늙어 봤냐? 나는 젊어도 봤다." 시니어에 대한 많은 오해는 아마도 여기에서 시작되는 것이 아닐까? 내가 직접 겪어보지 못한 일, 그러니 잘 모르는 일, 더군다나 솔직히 겪고 싶지 않은 일, 그래서 회피하고 싶은 일. 그러다 보니 시니어에 대한 많은 오해와 편견이 존재한다.

시니어 시장에 대한 오해와 이해

예전에 위성DMB 'tu' 광고를 담당한 적이 있다. TV광고 캠페인을 만들었는데, 주요 카피가 '○○○의 tu는 ○○ 이다'였다. 여러 사람이 tu가 자신에게 주는 가치를 말하는 내용이었는데, 배우 최민식 편의 카피는 '최민식의 tu는 젊음이다'였다. 최민식이 tu로 게임방송을 즐기는 내용이었는데, 사실 처음 만들어진 카피는 '최민식의 tu는 회춘이다'였다. 그런데 그가 자기 나이에 회춘을 언급하는 것에 거부감을 보이면서 카피가 바뀌었다. 당시 최민식의 나이는 45세였다. 지금 생각해보면 45세에 회춘을 언급하는 것이 말이 안 되지만, 당시 광고 담당자였던 나는 그의 반응이 잘 이해되지 않았다. 이유는 간단했다. 나보다 나이가 많은 사람의 심정을 이해하지 못한 것이다.

또 다른 에피소드가 있다. 2018년에 동유럽 발트3국을 여행하게 되었다. 나는 해외여행을 갈 때면 패키지 투어를 선호한다. 자유여행의 장점을 잘 알지만 바쁜 일상을 떠나 모처럼 즐기는 해외여행을 일정과 숙박, 교통 등 많은 부분을 직접 해결하기 위해 신경을 곤두세우는 일이 피곤하게 느껴졌다. 또한 일일이 찾아보는 수고로움 없이 가이드에게 관광지와 문화유산에 대한 자세한 설명을 들을 수 있다는 점에서도 패키지가 편하다. 아무튼 이런 성향 때문에 선택한 패키지 여행 그룹에서 상대적으로 나는 젊은 축에 속했다.

여행을 하다가 일행과 자연스럽게 대화를 나누게 되었는데, 연세가 그렇게 많아 보이지도 않는 어떤 분이 나에게 나이를 물어본 후 계속 '젊은이는 미래의 희망'이라며 젊을 때 여행을 많이 다니라고 하셨다. 불과 3년 전의 일이다. 솔직히 젊은이 축에 끼는 것은 좋지만 내가 젊은이라는 말을 들을 나이는 아니었다. 그래서 그분의 연세를 물으니 "올해 지공선사요" 하셨다. 무슨 뜻인지 물어보니 "지하철을 공짜로 타니 지공선사지. 65세"라는 대답이 돌아왔다. 사실 요즘 기준으로 볼 때 65세는 많은 나이가 아니다. 노인의 기준 연령을 올려야 한다는 논의가 일어나고 있는 상황이니 더욱 그렇다. 아무튼 그분에게 나는 젊은이로 비치고 있었다.

많은 사람들이 자신의 나이를 기준으로 '노인'의 연령을 적용한다. 그래서 나이를 대하는 태도 역시 상대적이 된다. 일반적인 노인의 기준은 65세이고, 시니어의 기준은 50세다. 하지만 실제 노인이나 시니어 연령대에서는 노인과 시니어의 기준 연령을 훨씬 더 높게 본다.

2017년 20대부터 60대까지 3500명을 대상으로 실시한 설문조사에 따르면 노인으로 볼 수 있는 적정 연령은 평균 68.9세였다.[2] 이 수치는 나이가 많을수록 높아져 60대 응답자는 70.2세라고 대답했다. 스스로 노인임을 인정하고 싶어 하지 않는 것이다. 결국 올드(old)함의 기준은 나보다 많은 나이이고, 고령자의 기준도 나보다 나이 많은 사람인 것이다.

여러 연구 결과에 따르면 60대는 자신의 나이보다 6~12년 정도 젊게 인식하는 경향이 있다고 한다. 실제로 1992년과 2002년에 일본에서 '통상 보행속도'를 측정해 비교해보니 남녀 모두 11살이나 젊어졌다는 연구 결과도 있으니, 이런 인식이 전혀 근거가 없는 것도 아니다.

이처럼 노인과 시니어에 대한 개념이나 이해가 주관적이다 보니 시장을 제대로 이해하기가 쉽지 않다. 이런 상황에서는 우선 인구구조를 정확하게 이해할 필요가 있다.

다음의 인구 분포도를 보면 한국의 인구구조는 2035년에 역피라미드형으로 바뀐다. 75~79세 인구가 0~4세 인구보다 많아지는 것이다. 이 예측대로라면 사회의 중심축이 이동하게 된다. 고령화율이 높은 일본은 2020년 성인

50⁺ 스마트 시니어에 주목하라

대한민국 인구구조 변화

1995년(피라미드형)	2015년(항아리형)	2035년(역피라미드형 근접)

4만3441명 6만3914명   54만6349명 80만4154명   151만8392명 177만2662명

75~79세

■ 남성
■ 여성

0~4세

174만2778명 163만3870명   117만5609명 111만4488명   98만9101명 93만9934명

자료: 통계청

각급 학교별 '미니 입학생' 현황

(2017년 기준, 분교 포함, 괄호 안은 전체에서 차지하는 비율)

	6~10명	1~5명	0명	
고등학교(2360곳)	7(0.3%)	10(0.4%)	7(0.3%)	총 24곳
중학교(3237곳)	207(6.4%)	159(4.9%)	10(0.3%)	총 376곳
초등학교(6177곳)	700(11.3%)	662(10.7%)	113(1.8%)	총 1475곳

자료: 교육부

10명 중 6명은 50세 이상, 8명은 40세 이상이라고 한다.[3]

40세는 되어야 어른이라고 말할 수 있는 상황이다. 우리 사회에도 곧 닥칠 일이다.

우리는 흔히 시니어 시장을 특정 연령대가 중심이 되는 시장이라고 인식한다. 하지만 그러한 인식 때문에 시니어 시장을 잘못 이해하고 있을 가능성이 매우 높다. 이제는 시장 전체 무게중심의 이동으로 파악하는 관점이 필요하다.

일본에는 '시니어 시프트(senior shift)'라는 말이 있다. 일본 최대 유통업체인 이온(AEON)이 시니어 시프트 전략을 발표하면서 알려진 신조어로, 고령화의 영향으로 제품과 서비스가 중년과 고령 세대 중심으로 재편되는 현상을 말한다.

이온은 2013년 도쿄 가사이점을 대대적으로 리뉴얼하여 '그랜드 제너레이션 몰'을 오픈했다. 중심에 대형서점을 두고, 이벤트 공간과 카페, 악기점 등 문화 관련 점포 등을 배치했다. 편안하게 쉴 수 있는 의자, 호텔처럼 고급스럽고 여유 있는 공간도 마련했다. 또한 종합 슈퍼에서는 시니어 대상 상품의 반응을 체크하면서 시행착오를 통해 노하우를 쌓아가고 있다. 즉 시니어를 대상으로 한 제품과 서비스, 공간을 실험하면서 시니어 마케팅에서 앞서가는 브랜드로 자리매김하고 있다.

게이오 백화점 역시 시니어 고객을 주 타깃으로 한 후 실적이 향상되었다. 상품에는 나이보다 젊어 보이게 하는 느낌을 살렸고, 젊은 트렌드를 적절히 가미했다. 조금 비싸지만 부담스럽지 않은 가격을 제시했고, 시니어 종업원을 배치하여 편안함을 느끼게 했다. 천천히 움직이는 에스컬레이터, 피팅룸에 손잡이 설치, 200개 이상의 의자 배치 등에서 시니어를 배려하는 모습을 보여주었다. 판매직원의 의견을 반영하여 고객 응대 정책을 수정하는 등 다양한 방법으로 시니어의 호응을 이끌어냈다.

시장의 무게중심이 이동하고 있다

일본 TV시장의 스토리도 흥미롭다.[4] 일본에서는 오랫동안 후지TV와 니혼TV가 골든타임(19~22시), 프라임타임(19~23시), 전일 시청률(6~24시) 모두에서 1위를 기록하는 연간 시청률 3관왕을 다퉈왔다. 그런 상황에서 M1·F1이라 불리는 20~34세 남녀가 시청률의 주도권을 쥐고 있었다. TV업계에서는 시청자를 20~34세(M1·F1), 35~49세(M2·F2), 50세 이상(M3·F3)으로 나누는데, 그중에서도 20~34세가 TV시청률을 좌우한 것이다. 그런데 2013년에 아사히TV가 개국 이래 처음으로 골든타임 시청률에서 니혼TV를 앞지르는 등 연간 시청률 2관왕을 달성했다. 그해에는 TV방송 전반에서 50세 이상이 시청률을 높이는 중심

역할을 했다고 한다. 2014년에는 50세 이상의 높은 지지를 받은 드라마가 시청률 1위를 기록했고, 2015년에도 높은 시청률을 기록한 드라마는 50세 이상의 필수 시청이 큰 기여를 했다. 이제 50세 이상의 시청자를 빼놓고 TV방송을 생각하기 어려워졌다.

우리나라에서 2020년을 강타한 프로그램은 〈미스터트롯〉이었다. TV조선은 〈미스트롯〉과 〈미스터트롯〉을 통해 화제의 중심에 섰고, TV시장에서 확실하게 입지를 다질 수 있었다. 〈미스터트롯〉 최종 투표는 770만 표를 넘어섰고, 최고 시청률은 35.7%였다. 시니어만이 아니라 젊은 층까지 좋아하는 장르로 트롯이 재조명되었기 때문일 것이다. 그럼에도 주 시청자인 시니어가 선호하는 장르였기에 시청률 대박이 가능했다는 점은 누구도 부인할 수 없을 듯하다. 이런 점에서 본다면 우리나라도 앞으로 TV시청률을 좌우할 층은 시니어일 가능성이 매우 높다. 더구나 유튜브, 넷플릭스로 시청자의 시선이 빠르게 이동하고 있고, 젊은 세대의 TV시청률은 회복될 기미를 보이지 않고 있다. 그런데도 여전히 방송국 관계자들은 젊은 세대만 바라보고 있다는 느낌이 든다. 지금 TV 앞에 누가 앉아 있는지 다시 생각해봐야 하지 않을까? 시니어가 TV시청률에서 차지하는 비중을 인정하고, 그에 걸맞은 프로그램 제작과 편성 전략이 필요하다.

TV시장만이 아니다. 일본에서는 버블 붕괴로 인한 오랜 경기침체로 많은 골프장이 문을 닫았다. 그런데 2014년에는 오랜만에 전국 골프장 매출이 전년대비 증가했고, 2015년에도 수도권에서 골프장 입장객이 전년대비 증가했다. 시니어가 평일에 친구들과 골프를 즐기러 가는 수요가 증가했기 때문이다. 일본만 그럴까? 우리나라도 앞으로 골프장의 평일 매출은 시니어가 주도할 가능성이 매우 높다. 2020년에는 코로나19로 인해 실내 스포츠 활동이 중지되면서 골프 시장은 뜻하지 않은 호황을 누렸다고 한다. 시니어가 이를 주도했다고 단정 지을 수는 없다. 하지만 일본처럼 고령화 사회로 향해가고 있는 우리 역시 비슷한 현상이 나타날 것이라고 본다.

일본에서는 2016년 이전에 시니어의 소비가 전체 소비의 60%에 달했다. 조만간 우리나라도 시니어의 소비가 절반을 넘게 될 것이다.

그런데도 아직 무게중심의 이동을 파악하지 못해 시니어

시장을 작게 인식하고 있는 경우가 많다. 그러다 보니 시니어를 2차, 3차 타깃 정도로만 여긴 채 적은 예산으로 마케팅을 시험해보는 수준에 그친다. 그러고 나서 별로 효과가 없다고 성급하게 결론을 내린다.

사실 시니어는 오랜 소비활동과 경제생활의 경험을 통해 다른 세대에 비해 신중한 소비 습관이 몸에 배어 있을 가능성이 높다. 적은 예산으로 일회성 마케팅을 전개했을 때, 시니어가 반응할 가능성은 당연히 높지 않다. 마케팅 효과 또한 기대하기 힘들다.

이제는 시니어 시장을 '한번 대응해볼까? 도전해볼까?' 하는 마음으로 바라보는 세분 시장으로 대해서는 안 된다. 확실하게 주요 시장이라는 관점을 가지고 접근해야 한다.

시니어 시장에 대한 새로운 관점

사람들이 시니어 시장에 대해 갖고 있는 오해 중 하나는 크루즈 여행과 폐지 수집이다. 일반적으로 방송에서는 평범한 사람들의 이야기는 잘 다루지 않는다. 자극적인 이야기로 관심을 끌어야 하는 것이 방송의 숙명이기 때문이다. 그러다 보니 크루즈 여행으로 대표되는, 매우 여유 있게 노후 생활을 즐기는 모습이나 반대로 극심한 빈곤에 시달리며 기초생활수급자 또는 폐지 수집 벌이에 의존하는 모습을 보여주면서 시니어에 대한 이미지를 만들어낸다. 대부분의 사람들이 자기 연령대에 대해서는 많은 정보를 통해 입체적으로 파악한다. 하지만 다른 연령대에 대해서는 일부 정보를 통해 짐작하는 수준에 불과하다. 현재 시니어 연령대가 아닌 사람들이 시니어에 대해 잘 모르는 것은 어찌 보면 당연한 일이다.

물론 우리 사회의 심각한 문제라고 할 수 있는 경제적 양극화는 시니어 시장에도 존재한다. 높은 노인 빈곤율도 계속 지적되는 문제다. 하지만 어느 시장이든 극단보다는 중간을 보아야 한다. 일반적이고 평균적인 시니어는 가구 소득이 감소하는 것이 사실이다. 반면 자녀들이 장성함에 따라 교육비 부담이 줄고 의복비도 줄어드는 경향이 있다. 자녀들이 독립할 시기가 되면 가구당 인원수가 감소하기도 한다. 또한 경조사비나 밥값 등 사회적 지위로 인해 지출되던 일종의 '체면유지비'도 줄어든다. 줄어드는 소득에만 주목할 것이 아니라 실질적으로 그들이 사용할 수 있는 돈의 규모에 주목할 필요가 있다. 그렇게 소비의 중심에 있는 시니어를 잘 파악하면 시니어 마케팅에 관한 새로운 관점을 갖게 될 것이다.

나는 시니어를 잘 이해하고 있나

시니어 마케팅에 존재하는 함정은 무엇일까? 나는 시니어 마케팅을 기획하고 실행하는 담당 직원들이 30~40대라는 점에 있다고 본다. 이들은 시니어의 마음을 알지 못한 채 겉만 보고 판단하기 쉽다. 아마 그들에게 액티브 시니어와 관련된 이미지를 떠올리라고 하면 '백발을 휘날리며 윈드서핑을 하는 모습' 또는 '구릿빛 피부가 멋진 반바지 차림의 할아버지'를 생각할 것이다. 하지만 아주 일부를 제외하고 실제로 그런 모습은 보기 어렵다. '액티브(active)'라는 단어를 그대로 받아들여 스포츠맨 같은 모습을 상상할 뿐이기 때문이다. 이런 상상만 한다면 진짜 시니어의 마음을 이해하는 것은 더욱 어렵다.

예전에 광고 프레젠테이션을 준비하면서 직원들이 써온 카피를 리뷰한 적이 있다. 치매와 관련이 있는 제품이었는데, 카피의 수위가 건망증 수준부터 바보를 연상하게 할 만큼 다양했다. 시니어의 마음을 상하게 할 수준의 카피를 지적하며 수정을 요구하자, 직원들은 가능한 한 강하게 표현해 치매의 위협을 강조해야 광고 효과가 날 것이라며 섭사리 수긍하지 않는 분위기였다. 나는 오히려 역효과가 날 수 있으니 시니어를 대상으로 카피 테스트를 해보자는 의견을 냈다.

마케팅 의사결정권자들의 문제도 있다. 그들은 대부분 20년 이상 사회생활을 하면서 치열한 경쟁을 거쳐 임원의 위치에 오른 사람들이다. 그들은 시니어를 바라보는 눈길이 다르다. 같은 50대인데도 '나와는 달리 하향곡선에 있는 인생'이라는 관점으로 다른 시니어를 바라보기도 한다. 경제적인 면에서도 자신보다 훨씬 어려운 존재로 생각하는 경향이 있다. 시니어 시장의 잠재력에 대해 올바른 판단을 내리기 어려운 입장이라고 할 수 있다.

사실 시니어도 자기 자신에 대해 잘 모른다. 조사 결과에 따르면 시니어 10명 중 6명은 '나와 내 주변 사람들은 기존 시니어와 다르다'고 생각하는 것으로 나타났다.[5] 이런 심리적인 이유로 시니어에 대한 표현도 노인에서 실버로, 다시 시니어로 계속 바뀌어온 것이다. 결론적으로 50대는 스스로를 시니어라 생각하지 않으며, 60대는 시니어라 불리기를 원치 않는다. 70대는 되어야 비로소 시니어라는 단어를 수용할 자세가 된다.

실제로 고령자 가운데 주변의 도움이 필요하다고 말하는 경우는 15% 정도에 불과하다. 55~70세의 80% 이상이 건강 상태가 양호하거나 보통이라고 응답하고, 70세 이상에서도 70%가 같은 응답을 했다.[6]

스코틀랜드의 노년학자 아서 앤더슨이 "병약한 시니어는 늙었기 때문이 아니라, 병약하기 때문에 병약한 것이다"라고 말한 것은 이러한 실태를 반영한 것이라 할 수 있다.

미국에서는 50번째 생일을 맞은 사람에게 'a new man', 'a new woman'이라는 말을 해준다고 한다. 단순한 인사치레가 아니다. 2015년 일본에서 조사한 바에 따르면 '젊게 살고 싶다'고 응답한 60대가 63.4%, 특히 60대 여성은 71.1%에 달했다. 과거의 전통적인 시니어의 모습으로 살아가기를 거부하는 사람이 3분의 2에 달한다.

우리나라에서도 2018년 서울대 소비트렌드분석센터가 조사한 내용에 따르면 시니어의 53%가 '가장 소중하다고 생각하는 것'을 '나 자신'이라고 응답했다. 과거 가족을 위해 희생하는 것을 당연시했던 모습에서 벗어나 자아를 찾으려는 욕구가 강한 것이다.

이처럼 마케팅 담당자, 의사결정권자, 그리고 시니어가 각자 동상이몽을 하고 있으니 시니어 마케팅을 제대로 전개하기 어렵다. 시니어 마케팅은 무엇보다 시니어에 대한 정확한 이해를 바탕으로 출발해야 한다.

그렇다면 이제 S.M.A.R.T라는 주제를 따라가며 시니어에 대한 이해를 시작해보자.

>> 2 >>

센스
Sence

2003년 일본에서 50대를 대상으로 들으면 기분 좋은 말을 물었는데, '젊어 보인다', '센스가 좋다', '자연스럽다', '개성이 있다' 등의 순서였다.[7] 2015년에 40~60대를 대상으로 한 조사에서는 '센스가 있다', '생기발랄하다', '자연스럽다' 순으로 나타났다. 과거에는 시니어라면 '성숙'이라는 키워드를 떠올렸지만 이제는 '센스'라는 키워드가 부각되고 있다.

예부터 사람을 평가하는 기준으로 언급되는 것이 '신언서판身言書判'이다. 재미있는 것은 이 기준이 직관적으로 알 수 있는 것부터 순서대로 적혀 있다는 점이다. 비즈니스 미팅을 상상해보자. 우선 상대방의 외모를 보게 되고, 말하는 것을 듣게 되고, 그다음에 상대방이 준비해온 문서를 접하게 되고, 대화와 협상 과정을 통해 상대방의 판단 능력을 가늠하게 된다. 즉 외모와 말솜씨가 첫인상을 좌우한다. 시니어도 마찬가지다. 시니어가 가장 듣고 싶은 말이 '참 센스 있으시네요'라는 것이다. 센스 있는 시니어가 되고 싶은 그들을 따라가보자.

센스 있는 외모

시니어가 방송 프로그램의 주역으로 다뤄지게 된 계기는 2013년에 시작된 〈꽃보다 할배〉였다고 생각한다. '황혼의 배낭여행'이라는 콘셉트로 시작한 이 프로그램은 높은 시청률로 화제를 일으켰고, 2014년, 2015년, 2018년 시즌 4까지 대성공을 거두었다. 이순재, 신구, 박근형, 백일섭이 각자 뚜렷한 개성을 드러내 더욱 재미있었다. 그중에서도 내 아내는 박근형을 주목했다. 두 형님을 예의 바르게 대하면서도 툴툴거리는 동생을 잘 감싸 안고, 주위 사람들을 배려하고, 술도 잘 안 마시고, 부인에게 자주 연락하는 등 모든 면에서 마음에 들 수밖에 없는 캐릭터였다. 결정적으로 패션 센스가 참 좋았다. 파란색 스트라이프 셔츠를 주로 입었는데, 체형이 좋아서인지 어떤 옷이든 잘 소화했다. 그때 이후, 아내는 저렇게 나이 들어야 한다며 나에게 그와 닮을 것을 강요(?)했고, 파란색 스트라이프 셔츠를 사주었다. 물론 그만큼 근사하게 소화하기를 기대한 것은 아니었으리라 믿고 싶다.

요즘 시니어에게 패션 센스는 중요하다. 예전에는 나이에 맞게 무난하게 입는 것이 미덕이었다면, 지금은 지나치지 않은 선에서 패션 감각을 발휘하는 것이 필요한 세상이다.

시니어 모델도 늘고 있다. 김칠두를 비롯해 시니어 모델들의 활약이 두드러진다. 패션 브랜드 안다르에서도 일흔이 넘은 모델 최순화를 기용하고, 배달의민족 광고에도 배우 문숙이 나오는 등 시니어 모델이 이제 낯설지 않다. 시니어모델협회가 출범했으며, 관련 교육기관도 여러 곳 생겼다. 2019년 현대백화점에서는 만 60세 이상이면 누구나 참여할 수 있는 '시니어 패셔니스타 콘테스트'를 개최했는데, 1500여 명이 지원했다. 전국 15개 현대백화점 문화센터에서는 2016년부터 '시니어 모델강좌'를 열고 있는데, 연 수강생이 6천 명에 달했다. 해외에서도 패션 블로거로 인기 높은 60대 모델 린 슬레이터 교수, 70대 패션 모델이자 화장품 모델 메이 머스크 등이 시니어 모델로 유명하다.

시니어 모델로 본격적인 활동을 하는 것은 아니지만 내 눈에 '바로 이분이다'라는 느낌이 든 시니어는 계동 양복점 '노커스' 이사 박영철이었다. 탤런트 김영철이 진행하는 〈동네 한바퀴〉라는 방송 프로그램에서 소개되기도 했던 그분은 아들이 대표인 양복점에서 항상 독서를 하면서 손님을 맞고, 손님과 대화를 나눈다. 양복이 아주 잘 어울린다. 이탈리아에서 열린 남성복 박람회 '피티워모'에 등장하기도 했다. 과하지 않으면서도 패션 감각이 충만하다. 무엇보다 아주 특별한 캐릭터를 가진 사람이 아니더라도 노력하면 센스 있게 옷을 입을 수 있겠다는 느낌을 준다.

패션만이 아니라 화장품 산업에서도 시니어의 물결이 거세다. DB금융투자 박현진 연구원의 보고서에 따르면,[8] 색조화장을 한다는 시니어(50세 이상)의 비율이 밀레니얼 세대(29세 이하)보다 높게 나타났다. 또한 패션 제품과 화장품에서 시니어의 월 평균 구매 금액이 밀레니얼 세대보다 높았다. KB국민카드에 따르면,[9] 1인당 연간 화장품 구매액은 60대 이상이 가장 높으며, 2011년 대비 2015년 60대 여성의 화장품 구매액은 100.3%, 60대 남성의 화장품 구매액은 72.8% 증가했다. 산업연구원이 실시한 조사에서도 '만약 100만 원이 생기면 어디에 쓰겠는가?'라는 질문에 노화 방지 화장품과 패션용품에 30만 5천 원을 쓰겠다고 응답해 가장 높은 지출 의향을 보였다.[10] 지금 시니어는 과거와 달리 자신을 위한 소비에 적극적이기 때문에 자신을 부각하고 차별화할 수 있는 패션 제품과 화장품을 사는 데 돈을 쓰는 것으로 해석할 수 있다.

2016년에 '아재 파탈'이라는 말이 유행했다. 중년들이 아저씨 패션에서 벗어나 젊고 센스 있는 패션을 추구하면서 각광받은 아이템이 청바지와 스니커즈다. 2016년 G마켓 통계에 따르면,[11] 40~50대 남성의 빈티지 청바지 구매는 351% 증가했고, 스니커즈 구매는 562% 증가했다. 이제 청바지는 시니어의 외출복으로 자리 잡은 느낌이다. 심지어 골프장에서도 라운딩을 마치고 식당에서 식사하는 시니어의 상당수가 청바지 차림이다.

비즈니스 환경이 바뀌면서 회사에서도 정장보다는 캐주

얼하게 입는 것이 일반화되고 있다. 당연히 좀 더 다양하고 세련된 옷차림을 고민하게 된다. 마치 교복 자율화가 처음 시행되었을 때를 떠올리게 한다.

향수나 향이 있는 화장품을 사용하는 시니어도 늘고 있다. 사실 시니어는 신진대사 기능이 떨어져 체내에 노폐물이 쌓이면서 좋지 않은 냄새가 나기도 하는데 이를 방지하기 위해 청결에 신경 쓰면서 향수로 멋까지 내는 시니어가 늘어나고 있는 것이다.

안경도 중요한 소품 중 하나다. 과거에는 돋보기 안경을 별도로 써야 했지만, 요즘에는 다초점 안경으로 돋보기 티를 내지 않고 생활할 수 있게 되었고, 더불어 패션 감각이 돋보이는 안경테로 멋을 내기도 한다. 아이웨어 브랜드 '서포트라이트'는 노안 예방이라는 표현을 쓰지 않고, 눈 건강 고민을 공략해 블루라이트 차단 안경을 홈쇼핑 업계 최초로 개발하여 출시했는데, CJ오쇼핑 판매 방송에서 큰 성공을 거뒀다.[12]

센스 있는 외모를 만들려면 건강 관리가 선행되어야 한다. 코로나 이전에는 헬스클럽에서 운동하는 시니어가 많았지만, 요즘에는 다양한 곳에서 걷기를 즐기는 시니어가 늘었다.

공원과 하천 주변 산책로, 올레길이나 둘레길에는 걷기로 건강을 관리하는 시니어를 쉽게 볼 수 있다. 집에서 유튜브를 보면서 홈 트레이닝을 하는 시니어도 늘고 있다. 이런 활동을 통해 건강하게 몸을 관리하면서 패션 센스를 더하는 것이다.

외모도 경쟁력이다. 센스 있는 시니어로 보이게 되면 젊은 세대와 호흡하기가 상대적으로 쉬워진다. 그래서 젊고 센스 있는 사람으로 보이기 위한, 그래서 첫인상부터 호감을 얻기 위한 시니어의 노력은 앞으로도 계속될 것이다. 거기에 시니어 마케팅의 기회가 있다.

센스 있는 커뮤니케이션

말 잘하는 사람은 어디서든 경쟁력이 있다. 전달하고자 하는 내용을 제대로 전달하고, 나중에도 기억날 수 있도록 임팩트 있게 표현하는 사람은 경쟁력이 있다. 여기에 유머 감각까지 있으면 더 좋다. 여전히 활발한 사회생활을 하고 있는 시니어는 사람들 앞에서 말을 할 기회가 젊은 세대에 비해 많은 편이다.

그런데 아쉽게도 시니어 세대는 말을 해볼 기회가 많지 않았던 세대다. 요즘은 초등학교부터 대학교까지 학교 수업에서 프레젠테이션 등 발표 기회가 많기 때문에 사람들 앞에 서는 것이 흔한 일이지만, 과거에 주입식 교육을 받은 세대들은 그런 기회가 적었다. 더군다나 '말 잘하면 빨갱이'라는 정말 무시무시한 표현이 있었고, '말만 번드르르하다'는 표현처럼 언변 좋은 사람을 폄하하는 분위기였기 때문에 말솜씨가 좋은 사람이 많지 않다. 그래서 뒤늦게 스피치 학원을 다니거나 심지어 유머 책을 사서 읽기도 하는 등 남모르게 노력하는 분들도 있다.

예전에 어떤 행사에 참석했는데, 주최 측에서 어느 유명

인사에게 건배사를 요청한 적이 있었다. 은행장까지 지낸 분인데, 길지 않게 주최 측과의 인연을 강조한 다음, '비행기'라는 건배사를 하셨다. '비전을 가지고 행동하면 기적이 일어난다'의 줄임말이라는 설명을 덧붙였다. 3박 4일의 행사 기간 동안 그분에게 계속 건배사 요청이 이어졌는데, 그는 그때마다 시의적절하게 새로운 건배사를 선보였다. 참석자들은 스마트폰에 열심히 메모했고, 나 역시 그때의 메모를 보관하고 있다. 아마 그분이 직접 만들어낸 멘트도 있겠지만 상당수는 다른 분들에게 들은 내용일 것이다. 좋은 내용을 들으면 흘려버리지 않고 메모해두었다가 적절한 순간에 꺼내 썼을 것이라고 짐작했다. 이렇게 말 잘하는 능력도 지속적인 노력이 필요하다. 그래서인지 카톡이나 밴드에 시니어가 건배사나 짧은 유머들을 올리거나 소개하는 경우도 많다.

말 잘하기로는 고(故) 김대중 대통령을 최고로 꼽을 수 있지 않을까? 정치인 초년 시절 국회의원 당선 운이 없었던 김대중은 국회의원이 아닌데도 당 대변인이 되었다. 국회의원이 된 후 국회에서 발언을 할 때는 휴게실에 있던 다른 당 의원들까지 들어와 경청할 정도였다. 기자들이 "김대

중 대변인이 발언한 내용을 옮겨 적으면 그대로 기사가 되었다"고 말할 정도로 논리 정연하고 체계적이었다. 그가 그렇게 말을 잘할 수 있었던 비결은 노력이었다. 아무리 짧은 논평도 몇 시간을 들여 준비했고, 국회도서관을 가장 많이 이용하는 의원이었다. 결국 그는 뛰어난 언변과 설득력을 바탕으로 주목받는 정치인이 되었다.

영화 〈킹스 스피치〉에서 조지 6세도 말더듬을 극복하고 2차 세계대전에서 영국인을 하나로 뭉치게 하는 위력을 발휘한다. 독일군의 폭격에도 궁을 떠나지 않았던 그의 진심이 국민들에게 통했던 것도 있었겠지만 그의 노력이 담긴 스피치도 많은 영향을 미쳤다고 생각한다.

말을 잘하는 데 필요한 3가지 요소로 TPO를 꼽는다. 즉 때(Time)와 장소(Place)와 상황(Occasion)에 맞게 말하는 것이다. 청산유수처럼 말한다고 되는 것이 아니다. 진정으로 말을 잘한다는 것은 듣는 사람의 상황과 분위기에 맞춰 최상의 결과를 만드는 것이다.

시니어가 젊은 세대에게 환영받지 못하는 경우는 대부분 자신의 상황과 기분만 강조하면서 일방적으로 행동하기 때문이다. 상황에 맞게, 그리고 너무 무겁지 않게 위트를 가미해 말을 구사하면 젊은 세대에게도 인기 있는 시니어가 될 수 있다.

또 하나는 교양 있는 말투다. 지식이 많아야 한다는 의미가 아니다. 거칠지 않고, 최소한의 합리성을 갖추면서, 일방적이지 않아야 한다는 말이다. 나이 많은 시니어 중에서는 간혹 연장자라는 이유로 거친 태도를 보이거나, 비합리적인 주장을 일방적으로 강요하는 경우가 있다. 이러면 젊은 세대는 물론 같은 시니어에게도 호감을 얻기 힘들다. 해외여행을 갈 때도 현지에서 만나는 사람들에게 예의를 갖추고, 간단한 인사말이라도 건네는 모습을 보여야 센스 있는 시니어로 인정받을 수 있다.

간혹 사회생활에서 획득했던 지위에 연연하는 시니어도 있다. 그 지위에 기반해서 언어를 구사하는 경우도 있다. 그럴수록 새로운 삶을 개척하기 어려워진다. 시니어에게 필요한 능력 중 하나가 망각하는 능력이다. 독일 학자 하랄트 바인리히는 이렇게 말했다. "망각은 새로운 길을 열어준다."

커뮤니케이션 능력이 생존력이다

시니어에게 꼭 필요한 것 3가지를 꼽자면 건강, 경제력, 커뮤니케이션 상대다. 커뮤니케이션 상대가 없으면 고립감을 느끼는 것은 모든 연령대가 마찬가지지만 시니어는 더 강하게 느낀다. 특히 남성이 문제다. 여성은 남성에 비해 네트워크를 만드는 능력이 뛰어나다. 대체로 씩씩하고 활동적이며 진취적이다. 대부분의 남성은 퇴직 전까지 사회생활에서 맺은 관계에만 집중하다가 퇴직 후 갑자기 관계가 사라지거나 변하는 상황에 맞닥뜨리고 당황하는 경우가 많다. 이에 비해 여성은 이미 오랜 시간을 거쳐 형성된 이웃이나 동창들과의 커뮤니티가 지속됨에 따라 별다른 충격을 받지 않는다.

고립감과 소외감을 느끼는 남성이 위축되면 더욱 큰 문제가 될 수 있다. 한때 농담으로 회자되었던 '삼식이'란 말은 단순하게 농담으로 웃어넘길 말은 아니다. 집에서 하루 한 끼 먹으면 '일식 님', 두 끼 먹으면 '이식 씨', 세 끼 먹으면 '삼식이', 종일 먹고 간식까지 먹으면 '종간나새끼'라는, 어찌 보면 비참하게 느껴지기까지 하는 비유다. 아이들 뒷 바라지와 가사 등에서 자유로워지는 나이대의 아내들이 퇴직 후 집에서 아내가 밥 차려주기만을 기다리는 남편에 대한 불평을 우스갯소리로 표현한 말이기도 하다. 하지만 퇴직이나 은퇴 후 적절한 커뮤니케이션 상대가 없어 집안에 고립된 남성의 실상을 표현한 상징적인 말이라고도 할 수 있다. 게다가 의도치 않게 아내의 다양한 커뮤니티 활동을 방해하기까지 한다면, 가정의 평화에도 문제가 생길 수 있다는 뜻이 내포되어 있다.

그래서 남성들의 친구 만들기가 중요하다. 동창 등 예전의 관계를 복원해도 좋고, 취미생활이나 새로운 활동을 통해 사회생활 때와는 다른 관계를 만들 필요가 있다. 일반적으로 인간관계가 다양하고 폭이 넓은 시니어는 건강하다. 그러면 소비 의욕도 자연스럽게 높아진다.

시니어에게 커뮤니케이션은 다양한 문제를 긍정적으로 만드는 힘이 있다. 미국 학자 존 로우와 로버트 칸은 '성공적인 노화'를 '노인이 가족과 사회로부터 분리되지 않고, 활발한 삶을 유지하며 사는 것'이라고 정의했다.[13] 분리되지 않음의 전제 조건은 커뮤니케이션이다.

요즘 사람들의 커뮤니케이션은 반드시 오프라인 만남만

을 의미하지 않는다. 온라인 커뮤니케이션도 매우 중요하다. 온라인 커뮤니케이션은 오프라인 만남을 촉진하는 도구가 되기도 한다. 가장 많이 쓰이는 수단은 역시 카톡과 SNS다. 그 공간에서도 언어 경쟁력이 중요하다. 너무 길지 않게, 유머와 위트를 담아, 때로는 촌철살인으로, 가끔은 가슴 뭉클한 한마디를 남기는 것이 필요하다. 자칫 외로워질 수 있는 시니어에게 필요한 소통 능력, 그리고 관계를 잘 유지 관리할 수 있도록 도와주는 것이 '한 줄 경쟁력'이다.

이미 스마트한 시니어는 센스 있는 커뮤니케이션에서 앞서 나가기 위해 노력하고 있다. 그들을 잘 이해하고 돕는 과정에서 시니어 대상의 또 다른 마케팅 기회가 있다.

50⁺

SMART SENIOR

머니
Money

노인 빈곤율의 진실

시니어 마케팅을 논하려면 우선 그들이 충분한 가처분 소득을 갖고 있는지를 파악해야 한다. 이때 가장 먼저 나오는 반론이 노인 빈곤율이다. 노인 빈곤율은 중위소득(소득 순서대로 줄 세웠을 때 중간에 있는 소득) 50% 미만의 소득을 가진 65세 이상 노인 가구의 비율인데, 우리나라는 46.5%에 달해 OECD 회원국 가운데 가장 높다.[14] OECD 평균의 3.3배에 달하는 수준으로 매우 부끄러운 수치라 할 수 있다.

노인 빈곤율이 높은 것은 국민연금, 퇴직연금, 개인연금 등 은퇴 후 생활에 대비한 3가지 연금의 역사가 짧고, 금액도 충분하지 않으며, 제대로 대비를 하지 못하고 있는 사각지대의 사람들이 많기 때문이다. 또한 시니어가 설령 재취업을 하더라도 충분한 소득을 올리지 못하기 때문이다.

많은 사람들이 '노인=폐지 수집'이라는 이미지를 갖게 된 것도 높은 노인 빈곤율의 영향이기도 하다. 이 수치대로라면 우리나라 노인 중 절반 가까운 사람들이 빈곤 상태에서 신음하고 있다. 젊은 시절 사회에 기여한 시니어가 이런 상황에 처해 있다면 정말 안타까운 일이다. 또한 절반 가까운 노인들이 소비활동을 제대로 하기 어려운 처지라면 경제에 끼치는 악영향도 클 수밖에 없다.

그런데 노인 빈곤율에는 커다란 함정이 있다. 노인 빈곤율은 단순히 소득만 계산한 것이다. 우리나라는 자산의 대부분이 부동산으로 구성되어 있다. 메트라이프생명과 현대경제연구원이 조사한 바에 따르면,[15] 우리나라 수도권 가계의 경우 부동산자산과 금융자산의 비율이 80:20이다. 미국과 일본의 금융자산 비중이 각각 70%, 64%임을 감안하면 부동산자산 쏠림 현상이 심각하다. 그런데 금융자산의 경우 이자나 배당 등 매년 소득으로 연결되는 경우가 많지만 부동산자산의 경우 임대사업을 하는 경우를 제외하면 매년 소득으로 연결되지 않는다. 따라서 자산은 있지만 이렇다 할 소득은 없는 경우가 발생한다.

특히 시니어층은 자가비율이 높다. 국토교통부에 따르면,[16] 우리나라 20~30대의 자가비율은 34.3%이지만 65세 이상은 77.4%가 자기 집을 갖고 있다. 주거 안정성 측면에서는 바람직하지만, 소득 측면에서는 긍정적이지 못하다. 자가가 아니더라도 보통 주택 가격의 50~70%에 달하는 전세의 경우도 자산이 소득으로 연결되지 못하고 잠겨 있게 된다. 이미 알려진 대로 전세는 세계에서 유일하게 한국에만 존재하는 시스템이다.

그런데 국민연금연구원 안서연 연구위원의 조사에 따르면,[17] 노인 가구의 자산을 연금화해 이용한다는 가정하에 빈곤율을 계산해보면 29.3%까지 떨어진다고 한다. 앞서 살펴본 노인 빈곤율 46.5%에 비해 17.2%가 감소하는 셈이다. 물론 이 수치도 가슴 아픈 현실이지만, 70%의 노인들은 자산을 잘 활용하기만 해도 빈곤에서 벗어날 수 있다는 의미다.

그런 면에서 볼 때, 주택연금은 자산의 소득화를 통해 일

정한 수입을 확보할 수 있는 매우 좋은 솔루션이다. 기존
에는 부부 중 1명이 60세 이상이어야 가능했지만, 2020년
4월부터는 부부 중 1명이 만 55세 이상이면 가입이 가능하
다. 잡코리아의 직장인 대상 설문조사 결과에 따르면,[18] 직
장인이 예상하는 퇴직 연령은 49.7세에 불과하고, 실제로
정년까지 근무하는 경우가 드문 현실을 감안하면 55세로
가입 연령을 낮춘 것은 큰 의미가 있다.

종신지급 방식을 기준으로 7억 원 주택 소유, 55세 가입의
경우 월 107만 원, 65세 가입의 경우는 176만 원이 지급된
다. 9억 원 주택 소유, 55세 가입의 경우는 138만 원, 65세
가입의 경우는 226만 원이 지급된다. 이 정도면 풍요롭지
는 못해도 적절한 수준의 수입이라고 볼 수 있는지 확인해
보자. 보건복지부에 따르면,[19] 2020년 2인 가구 중위소득은
299만 원, 최저생계비(중위소득의 60%)는 179만 원 선이다.
앞서 살펴본 주택연금 종신지급 사례 4가지 중 3가지는 최
저생계비에도 못 미친다. 하지만 여기에 기본적으로 국민
연금이 더해지고, 개인의 상황에 따라 개인연금과 퇴직연
금이 더해진다면 이야기는 달라진다. 적어도 최저생계비는
확보되고, 개인의 준비 정도에 따라 중위소득 확보도 가능

해지는 것이다.

농민의 경우에는 농지연금이 또 하나의 대안이 될 수 있다. 농어촌공사에서 주관하는 농지연금은 소유한 농지를 담보로 매달 연금을 받는 제도인데, 주택연금과 마찬가지로 자산의 소득화를 실현할 수 있는 솔루션이다.

여기서 간과할 수 없는 전제는 부모 사망 전에 자녀에게 주택이나 농지 등의 자산을 증여하지 않고, 자녀들도 상속을 바라지 않는다는 것이다(물론 부모 사망 후 연금 지급액을 제외하고 남는 금액을 상속하는 것은 논외로 한다). 반대로 자녀도 부양 책임을 지지 않고, 부모도 바라지 않는다는 것이다. 과연 그러할까?

보건사회연구원 김유경 연구위원의 보고서에 따르면,[20] '부모 부양을 누가 담당할 것인가?'라는 질문에 가족이라 답한 비율이 2002년에는 70.7%에 달했다. 그러나 지속적으로 줄어들어 2018년에는 26.7%로 축소되었다. 반면 사회가 책임을 져야 한다는 응답은 같은 기간 동안 19.7%에서 54.0%까지 올랐다. 부모 스스로 해결해야 한다는 응답도 같은 기간 동안 9.6%에서 19.4%로 증가했다. 즉 부모 부양은 가족의 책임이라고 생각하는 비율은 4분의 1 수준이고, 나머지 사람들은 사회 또는 부모 스스로의 책임이라는 생각을 갖고 있다. 불과 16년 만에 정반대의 반응이 나올 정도로 인식의 변화가 일어난 것이다.

나중에 발생할 상속보다는 현재의 부담을 줄이자는 현실적인 판단도 작용한다. 자녀가 매달 부모님에게 용돈이나 생활비를 드리는 것이 만만치 않은 부담이기 때문이다. 주택금융공사에 따르면 2019년 12월 현재 주택연금 가입자는 7만 명이 넘었고, 평균 월 지급액은 101만 원에 달한다.

이렇게 주택연금, 농지연금 등의 방식으로 자산의 소득화가 이루어지면 노인 빈곤율은 전반적으로 떨어질 것이다. 그리고 2020년은 1958년생의 국민연금 수령이 개시되는 해이기 때문에 베이비붐 세대 대부분이 몇 년 안에 국민연금 수령자가 된다. 그렇게 되면 기초연금도 정말 필요한 사람들에게 집중할 수 있다. 현재 기초연금은 소득 하위 70%의 노인들에게 월 최대 30만 원을 지급하는 방식인데, 70%라는 기준도 높은 노인 빈곤율을 감안한 것이다. 지급 대상은 넓고 지급 금액은 적어서 저소득층 노인에게 실질적인 도움을 주기에는 역부족이다. 더구나 서두에 이야기했듯이 베이비붐 세대가 노인 인구로 급속히 진입하기 때문에 현재와 같이 넓은 지급 대상을 유지해서는 재정 부담을 이겨내기 어려울 것이다. 애당초 하위 70%라는 기준 자체가 적절하지 않다. 만약 노인 빈곤율을 30% 이하로 낮추고, 하위 30%에 지원을 집중한다면 재정도 효율적으로 사용할 수 있고, 그 30%도 정도의 차이는 있지만 소비의 주체가 될 수 있을 것이다. 그렇게 되면 시니어들은 마케팅의 주요 대상으로 부각되는 선순환 구조가 만들어진다.

단, 현재 제도로는 이런 가정이 완전히 성립하지 않는다. 왜냐하면 연계 감액 제도가 있기 때문이다. 국민연금으로 38만 원 이상을 받고 있다면 기초연금 수령액이 깎이기 시작해 최대 절반까지 줄어든다. 보건복지부에서는 '국민연금은 공적 재원이므로 그에 따라 기초연금을 조정하는 것이 형평성에 맞다'고 설명하지만 당사자 입장에서는 사적 연금 대신 국가를 믿고 노후를 대비했는데 오히려 불이익을 받는 느낌이 든다. 2018년 국민연금제도발전위가 연계 감액 제도 폐지를 권고했으나 아직 개선되지 않고 있다. 저소득 노인들의 실질적인 생활보장을 위해 시급히 개선되어야 할 제도라 생각한다.

아무튼 지금보다는 노인 빈곤율이 낮아질 것이라는 희망을 가지고 시니어의 삶을 살펴보자. 그들의 평균 소득이 감소하는 것은 사실이지만 여기에도 함정이 있다. 우선 대부분의 경우, 자녀의 독립으로 인해 부부의 생활비만을 생각하면 된다. 그리고 한국 사회의 문제점 중 하나인 과도한 교육비 부담에서 해방된다.

과도한 사교육비는 거의 모든 가구의 가처분소득을 떨어뜨리는 결과를 가져왔고, 경제 활력을 줄이는 요인이었다. 그런데 드디어 거기에서 해방되는 것이다. 또한 현역에서 은퇴했기 때문에 굳이 비싼 정장을 사 입을 일이 거의 없다. 체면 유지를 위해 과도하게 지출하던 비용도 더 이상 발생하지 않는다. 자녀 결혼 등 목돈이 들어가는 이벤트가

지나갔기 때문에 저축의 필요성도 줄어든다. 저축 욕구가 줄어드는 이유 중 하나는 기대 수준이 낮아지기 때문이다. 즉 현역으로 열심히 활동할 때에는 생활수준의 향상을 지속적으로 모색하지만 이제 중~중상 수준이면 충분히 만족하게 된다.

즉 줄어드는 소득에만 주목할 것이 아니라 실질적으로 그들이 사용할 수 있는 금액에 주목할 필요가 있다. 한 유명 백화점의 자료에 따르면, 백화점 멤버십 회원 중 60대 이상은 전체 회원의 6.5%라고 한다. 하지만 그들이 전체 매출에서 차지하는 비중은 12.1%로 회원 비율의 2배에 달한다.[21]

또한 통계청에서 발표한 연령별 민간소비 증감 자료에 따르면, 2015~2016년 전체 평균은 2.9% 늘었지만, 65세 이상은 5.1%로 더 큰 증가율을 보였다.[22] 일반적 통념과 달리 시니어가 소비에서 차지하는 비중은 무시하지 못할 수준임을 알 수 있다.

머니(Money)

나와 배우자를 위해, 쓸 때는 쓴다

시니어는 줄일 것은 줄이지만 필요한 구매에는 과감히 지갑을 연다. 우선 건강에 관심이 많기 때문에 식품과 의약품에 돈을 아끼지 않는다. 앞서 언급했던 한국보건산업진흥원의 자료에 따르면, 고령친화 산업 중 가장 큰 비중을 차지하는 것은 여가산업(26조 원)이고 뒤이어 식품(18조 원), 의약품 및 의료기기(13조 원) 순이다. 여가산업에 대해서는 Re-Creation 항목에서 다루기로 하고, 여기서는 식품과 의약품 및 의료기기에 집중하도록 하겠다.

한 가지 버려야 할 편견이 있는데, 시니어가 소득 저하로 저가 제품만을 선호할 것이라는 생각이다. 시니어는 오랜 소비 경험을 통해 자신이 원하는 것을 잘 알고 있고, 가격보다는 가치가 중요하다는 것 또한 잘 알고 있다. 그렇기 때문에 시니어는 좋은 물건이라면 기꺼이 돈을 지불할 의사가 있다. '싼 게 비지떡'이고, '한번 살 때 좋은 것을 사야 한다'는 것을 경험상 잘 알고 있는 소비자다.

시니어 식품산업은 18조 원에 달하는 거대한 시장이다. 시니어 식품은 치아 문제, 소화 기능 저하, 음식 섭취 욕구 감소 등 시니어의 식생활을 고려해 만들어진 시니어를 위한 식품이다. 그런데 시니어 식품이라고 해서 소화 기능과 씹는 기능의 저하로 인해 소화하기 좋고 씹기 쉬운 유동식 제품을 떠올린다면 그것은 편견이다. 일본에서는 '개호식(간호식)'이라는 개념이 있는데, 고령자 시설과 병원에서 제공하는 급식과 재택 배달용 도시락 등을 포괄한 개념이다. 이 개호식 시장은 매년 성장하고 있다. 그런데 이제는 무조건 믹서에 간 유동식, 환자식 그리고 저염식과 소량의 식사만이 아니라 시니어 개개인의 수요와 연령대별 기호를 고려해 다양한 제품을 선보이는 방향으로 나아가고 있다.

이러한 추세와 노인들이 '개호식'이라는 단어에 거부감을 느끼는 점을 반영하여 공모전을 통해 '스마일 케어 식품'으로 이름을 바꾸었다. 씹는 능력에 따라 식품의 경도를 4단계로 분류하여 제품 앞면에 표시하도록 해서 소비자의 선택을 돕고 있다.

일본에서는 모리나가유업, 메이지유업이 시니어 식품 시장에 일찌감치 진입했고, 수산가공업체 마루하니치로가 시니어 푸드로 사업 영역을 확대하고 있다. 우리나라에서도 이마트가 시니어를 위한 영양식을 선보이면서 노년층을 위한 필수 영양소를 강화하고 파우더, 젤리, 죽 등 3가지 형태로 구성했다. 그리고 대상웰라이프에서도 삼킴 장애가 있는 노인을 위한 건강기능식품을 판매하고 있다. 신세계푸드는 부드럽게 삼킬 수 있는 연하식 브랜드 '이지밸런스'를 선보였다. 쇠고기, 닭고기, 가자미, 동파육, 애호박 등 5가지 종류의 제품을 별도 조리 과정 없이 전자레인지에 돌리면 바로 먹을 수 있도록 만들었다.

하지만 유동식만을 생각하면 시니어 식품 시장을 지나치게 좁게 보는 것이다. 보통 75세 이하의 시니어는 유동식이나 간호식과는 거리가 멀다. 사실 요즘의 '젊은 노인'들은 필요 에너지량이 예전과 큰 차이가 없다. 단순히 소화를 걱정해 육류를 멀리하거나 섭취가 편리한 식품 위주로 식사를 하면 자칫 영양 불균형이나 영양 부족 상태가 일어날 수 있다. 또한 시니어의 식사를 소박한 식사로만 생각하는 것도 시니어의 건강에 좋지 않은 영향을 미칠 수 있다.

시니어는 양은 조금 줄이더라도 질 높은 음식을 골고루 섭취할 필요가 있다. 예를 들어 무조건 채소만 먹기보다는 생선과 육류도 균형 있게 섭취하는 것이 중요하다. 식사량은 많지 않기 때문에 가격 부담이 적으므로 질 좋고 맛있는 고기를 먹는 것이 좋은 선택지가 된다.

여기서 시니어 대상 마케팅의 가능성이 보인다. 식품의 고급화 가능성이다. 먹는 양이 적기 때문에 몇 천 원, 몇 만 원 더 지불하는 데 크게 부담을 느끼지 않는다. 더구나 식품은 건강을 유지하는 매우 중요한 수단이기 때문에 작은 사치가 가능하다. 이것이 모이면 기업에게는 많은 수익이 될 수 있다. 같은 제품이라도 최상품을 모아 프리미엄 상품으로 제시하면 시니어에게 호응을 얻을 수 있다.

시니어에게 중요한 식품 중 하나가 건강기능식품이다. 앞서 살펴본 산업연구원 조사에서 100만 원의 지출 기회가 주어졌을 때 건강기능식품을 구매하는 데 금액이 20만 3천 원을 쓸 의향이 있는 것으로 나타났다. 대단히 높은 비중이다.

얼마 전 건강기능식품을 둘러싼 방송국과 홈쇼핑의 유착 관계가 드러났다. 건강 관련 프로그램에서 특정 건강기능식품의 효능을 강조하면 동 시간대 홈쇼핑 방송에서 그 건강기능식품을 판매하는 식이었다. 한두 번의 우연이 아니었기에 공공연한 비밀이었고, 결국 그 유착관계가 드러난 것이다. 하지만 법석 규정이 모호해 처벌되지는 않았다. 일종의 소비자 기만행위로 볼 수 있는데, 이런 행위가 그치지 않는 것은 기본적으로 건강기능식품에 대한 소비자들의 관심이 매우 높기 때문이다. 비난은 받지만 실제로 판매가 잘되기 때문에 이런 행위를 멈추지 않는 것이다.

　건강기능식품의 종류도 다양하다. 과거에는 비타민 정도였다면 지금은 홍삼, 로열젤리, 코엔자임, 스쿠알렌, 새싹보리, 노니, 글루코사민, 콜라겐, 오메가3, 밀크씨슬, 프로폴리스, 루테인, 크릴오일, 아르기닌, 아로니아, 아르간오일, 프로바이오틱스, 유산균, 라이코펜, 보스웰리아, 각종 착즙음료 등 이루 헤아릴 수 없을 정도로 효능별 종류가 많다. 나 또한 아내의 권유로 해마다 먹는 종류가 늘고 있다. 앞으로도 줄어들 가능성은 별로 없을 것 같다. 새롭게 부상하는 건강기능식품이 나오면 아마 아내의 구매 목록에 추가될 것이다. 소득수준이 전반적으로 더 높아지면 건강기능식품 시장도 더 폭발할 가능성이 높다.

의료 & 건강 관리 기기

시니어는 건강에 돈을 아끼지 않는다. 과거에는 아파도 참다가 오히려 병을 키우는 경우가 있었지만, 이제는 조기 대처가 중요하다고 생각해서 경제 사정이 매우 어려운 경우를 제외하고는 미리 예방에 힘쓰고, 병이 더 커지기 전에 적극적으로 행동한다.

건강 검진은 시장 규모가 2016년에 이미 5조 원을 돌파한 것으로 추산되었다. 지금은 그보다 더 큰 시장으로 성장했을 것이다. 건강 검진 시장에서 시니어는 당연히 주요 고객이다. 안마의자 시장은 대표 주자인 바디프랜드가 2019년 매출 4803억 원, 2020년에는 2분기 매출만 1524억 원을 기록하는 등 비약적으로 성장하고 있다. 근래에는 젊은 층도 많이 구매하고 있지만 초기에는 시니어 고객이 구입을 선도했다. 척추온열기 세라젬도 적극적인 마케팅으로 2019년 매출액이 3438억 원에 달했다. 제2의 안마의자로 부상하는 중이다.

운동은 시니어에게 필수다. 피트니스센터를 가득 채우던 시니어들이 코로나 이후에는 야외로 향해 공원과 하천변을 걷고 있다. 필라테스와 요가를 배우던 시니어는 유튜브를 이용해 집에서 트레이닝을 하고 있다. 생활체육은 시니어에게 활력과 건강은 물론 커뮤니티를 제공하고 있다. 동호인이 100만 명이 넘고, 우리나라 4대 사조직 중 하나로 인급된다는 배드민턴을 필두로 베니스, 게이트볼 등 다양한 종목의 스포츠가 시니어들의 사랑을 받고 있다. 경제적 여유가 있는 시니어는 골프를 선호한다. 특히 코로나 유행으로 해외로 나갈 수 없게 된 골퍼들은 국내 골프장을 가득 메우고 있다. 주말은 물론 주중에도 예약하기가 어려울 정도라고 한다.

그런데 시니어에게 건강은 최종 목표가 아니라 수단임을 알아야 한다. 최종 목표는 '더 충실하게 살고 싶다', '즐겁게 살고 싶다'이고, 이 목표를 이루기 위한 수단으로 건강을 관리하는 것이다.[23] 이것을 제대로 인식하는 것이 시니어 대상 마케팅에서 중요하다. 건강을 지상 과제로 내세우면서 건강해질 수 있다는 것만 강조하기보다는 건강을 통해 충실하고 즐거운 삶이라는 목표를 이룰 수 있다는 이미지로 접근할 때 시니어의 마음을 움직일 수 있다.

과거 일본에서 시니어 대상 건강 잡지가 발간된 적이 있다. 내용이 충실하다는 호평을 받았다. 그런데도 판매 부진으로 폐간되었다. 내용은 좋았지만 건강을 전면에 내세웠기 때문에 '내가 건강에 집착하는 사람처럼 보일 것 같아서 싫다'는 반응이 많았다고 한다. 시니어 대상 마케팅은 이렇게 미묘한 부분까지 신경을 써야 한다.

육체적인 건강 못지않게 정신적인 건강도 중요하다. 특히 치매가 중요한 문제다. 치매가 생기면 자신은 물론 가족도 삶의 질이 떨어질 수밖에 없다. 뇌 신경세포의 파괴를 막기 위해서는 가벼운 운동, 균형 잡힌 식생활, 충분한 수면이 필요하다.

뇌의 노화를 막기 위해서는 매일 우뇌와 좌뇌를 사용하고 계산, 작문, 요리, 공작, 바느질 등을 통해 의욕적으로 머리를 쓰고, 적극적으로 사람들과 교류하면서 소통하는 것이 중요하다. 호기심을 왕성하게 유지하고, 스트레스를 줄이며, 야간형보다는 아침형 인간이 되어야 하고, 정기적으로 걸어야 한다.[24]

몇 년 전 대학교 졸업 25주년 행사에서 은사님을 뵈었다. 그분은 정년퇴임한 지 한참 지났는데도 여전히 중국어 공부를 하고 있다고 말씀하셔서 주위를 놀라게 했다. 중국의 덩샤오핑은 두뇌 게임이라 할 수 있는 브리지 게임을 평생 즐겼다고 한다. 뇌는 사용하면 할수록 젊게 유지할 수 있다.

기념과 경험

시니어에게 중요한 것은 소유가 아니다. 그들은 남은 시간을 소중하게 활용하기 위해 무엇을 사는 것보다 기념이 되고 경험이 되는 일에 돈 쓰는 것을 더 중요하게 여긴다. 여행을 하더라도 확실하게 기억에 남을 방법을 찾는다. 일본 JR규슈의 '세븐스타'라는 고급 관광 침대 열차는 1박 2일 여행에 25만~53만 엔, 3박 4일 여행에 53만~140만 엔에 이르는 고가 상품인데, 예약 경쟁률이 20:1, 30:1에 달한다. 확실히 기억에 남고 두고두고 자랑거리가 될 만한 여행을 하겠다는 수요가 이렇게 많은 것이다. 우리나라에서도 코레일이 '해랑'이라는 이름으로 상품을 개발했다. 전국일주 2박 3일(순천, 부산, 경주, 정동진, 태백을 경유하는 상품) 2인 기준 244만~304만 원, 1박 2일(영월, 단양, 경주를 경유하는 상품과 고창, 보성, 순천을 경유하는 상품) 2인 기준 160만~202만 원에 판매하고 있다. 아직까지 세븐스타 수준의 흥행은 아니지만 상품을 보다 다양화하고 적극적으로 홍보한다면 향후 성장 가능성이 높을 것으로 보인다.

콘서트도 시니어에게 기념이 될 수 있는 경험이다. 2018년 가수 조용필이 데뷔 50주년 공연을 했다. 잠실 올림픽 주경기장에서 열린 공연은 순식간에 4만 5천 석이 매진되었다. 지금은 코로나로 인해 공연이 어렵지만, 2023년은 가수 이문세의 데뷔 40주년이다. 이미 30주년 때 잠실 올림픽 주경기장을 가득 메울 정도의 관객 동원력을 가졌기에 폭발적인 흥행이 예상된다. 얼마 전 엄청난 화제몰이를 했던 가수 나훈아의 콘서트 티케팅은 피 튀기게 치열하다고 해서 '피케팅'으로 불렸을 정도다.

골프를 좋아하는 시니어들은 확실하게 기억에 남을 수 있는 골프 여행을 선호한다. 해외 명문 골프 코스를 도는 여행을 하거나 또는 아시아 3대 코스이자 세계 100대 코스임을 자랑하는 사우스케이프 골프장과 아난티 남해 골프장을 함께 방문하는 여행은 시니어 골퍼들의 버킷 리스트라고 한다.

또한 각종 기념일은 시니어에게 더욱 소중한 날이다. 가족과 함께 하는, 추억이 될 만한 멋진 식사와 이벤트를 희망한다. 아마도 시니어들에게 의미 있는 경험과 추억을 제공하는 여행을 기획하고 연출하는 대행업이 앞으로 성장할 가능성이 높다.

돈보다 중요한 가치를 지키는 것은 돈

시니어에게 가장 두렵고 힘든 것은 질병과 고독이다. 아무리 돈이 많아도 몸이 아프거나 주변에 이야기를 나눌 사람이 없으면 아무 소용이 없다. 하지만 역설적으로 질병과 고독에서 자유로워지려면 일정한 수준의 돈이 필요하다.

일본의 대형 광고대행사 하쿠호도의 분석에 따르면 시니어는 건강, 인간관계, 경제력을 기준으로 5가지 유형으로 나눌 수 있다고 한다.[25]

첫째, 달인 시니어는 건강, 인간관계, 경제력을 모두 갖춘 사람들이다. 전체의 16%에 해당한다.

둘째, 자족 시니어는 건강, 인간관계는 갖추었지만 경제적 여유가 없는 사람들이다. 전체의 26%를 차지한다.

셋째, 고립 시니어는 건강하지만 인간관계가 좁은 층이다. 전체의 24%가 여기에 속한다.

넷째, 상호보완 시니어는 건강이 좋지 않지만 인간관계는 넓은 사람들이다. 전체의 13%를 점유한다.

다섯째, 눈물의 시니어는 건강도 좋지 않고, 인간관계도 좋지 않은 사람들이다. 전체의 21%가 여기에 포함된다. 이 조사 연구에서 밝혀낸 것은 다른 무엇보다도 인간관계가 시니어의 감정과 정보 관심도를 좌우한다는 점이다. 이러한 내용을 소비의 관점에서 보면 인간관계가 좁은 층은 대체로 구매 의욕도 낮다고 볼 수 있다.

그런데 인간관계를 잘 맺고 유지하고 확장하기 위해서는 일정한 수준의 돈이 필요하다. 친구를 만나더라도 자존심을 유지하고, 친구들에게 폐를 끼치지 않을 정도의 돈은 있어야 한다. 매번 신세를 지면서도 친구와의 관계에서 위축되지 않고, 자주 만나기는 어렵다. 새로운 인간관계를 만들고 유지하는 데도 돈이 필요하다.

건강도 마찬가지다. 질병에 미리 대비하는 것, 그리고 혹시라도 질병에 걸릴 경우 조기에 대처하는 것, 이 모든 것이 일정한 수준의 돈이 있어야 가능하다. 그래서 미리 은퇴에 대비해 계획을 세우고, 철저하게 준비해야 하는 것이다.

찰리 채플린은 인생에서 중요한 것 3가지는 '꿈, 용기, 최소한의 돈'이라고 말했다. 아무리 의욕이 있어도 최소한의 돈이 뒷받침해주지 않으면 의욕을 달성하기 어려운 것이 현실이다.

흔히 시니어는 돈을 안 쓸 것이라는 편견이 있는데 그것은 오해다. 안정 지향적이긴 하지만 투자 의욕도 갖고 있다. 저금리 시대에 은행에 넣어놓고 소진하는 방식으로는 긴 노후 생활을 지탱하기 어렵기 때문이다. 그래서 시니어는 'money works for me'를 꿈꾼다. 이런 니즈를 잘 이해하고 해결할 수 있는 솔루션을 제공하는 회사가 큰 시장을 차지할 수 있을 것이다. '자산 관리'라는 말은 많이 하지만 아직 확실하게 선두로 부각된 기업은 없다. 그것이 과연 기존 금융회사일지, 아니면 핀테크로 무장한 신흥 회사일지도 흥미로운 관전 포인트다.

최근 시니어의 가치가 급상승하고 있다고 한다. 부동산 가격 급등으로 자녀 세대가 웬만한 노력이나 행운으로는 서울 또는 수도권에서 내 집 마련이 불가능한 지경에 이르렀다. 즉 상속과 증여를 받지 않으면 해법이 없다. 그래서 갑자기 부모에게 살갑게 밀착하는 자녀들이 늘었다는 말도 들린다. 물론 극히 일부의 사례에서 나온 우스갯소리지만, 서글픈 시대상을 보여주는 단면이 아닌가 생각한다.

아무튼 돈은 시니어에게 영원한 숙제임이 분명하다.

50⁺
SMART SENIOR

SMA

>> 4 >>

아트
ART

먹고살기 어려울 때는 '먹고사니즘'이 지배적인 논리였다. 포털 사이트 어학사전에서 찾아보니 '먹고사니즘'을 '먹고사는 일을 최우선으로 하는 태도'라고 말한다. 사실 먹고살기도 힘들고 빠듯하면 문화예술에 관심을 갖기 어렵다. '먹고사니즘'이라는 말이 나온 것을 보면 우리나라도 참 어려운 시절을 겪어온 것 같다. 후진국에서 문화예술이 꽃피우기 어려운 것도 같은 이유일 것이다.

학교 졸업 후 직장생활, 결혼과 자녀 출생, 내 집 마련, 자녀 교육 등으로 매일 전쟁과 같은 세월을 보내고 50대 중후반이 되어야 어느 정도 안정기에 들어서는 경우가 많다. 자녀가 결혼한 경우도 생기고 아직 미혼이더라도 부모의 손이 훨씬 덜 가게 된다. 이 시기부터 시간 부자가 되는 것이다. 여기에 은퇴 시점을 맞으면 시간은 확 늘어나게 된다. 물론 본인이 지속적으로 일을 해야만 생계를 유지하는 경우도 있지만 어느 정도 경제적 기반을 가진 층이라면 시간 여유가 많아지는 것은 확실하다.

처음에는 친구들과 만나 밥을 먹거나 술을 마시면서 지내겠지만 그것만으로 시간을 보내는 데는 한계가 있다. 취미를 가지려는 욕구가 자연스럽게 생길 수밖에 없다. 이때 문화예술이 대안으로 떠오르게 된다.

우선 젊은 시절 생업에 바빠 기회를 갖지 못했던 문화예술 경험에 대한 갈증을 해소할 수 있다. 기왕이면 교양 있는 시니어로 보이고 싶은 욕구도 존재한다.

서울문화재단이 발표한 '2018년 서울 시민 문화 향유 실태 조사'에 따르면 50~60대의 문화예술 관람률은 남성 77%, 여성 88.5%로 20대(남성 66.9%, 여성 66%)를 압도한다.

또한 문화체육관광부가 발표한 '2018 문화 향유 실태 조사'에 따르면 문화예술 관람률은 2016년 대비 40대는 2.7%, 50대는 4.2% 증가했고, 60대는 가장 높은 9.0% 증가율을 보였다. 이런 세태를 반영한 광고도 있다. '제2의 청춘카'를 표방한 올뉴아반떼 광고. 마우스를 빠르게 클릭하더니 컴퓨터 화면에 "예매 처리가 완료되었습니다!"라는 자막이 뜬다. 이후 세련된 패션의 60대 시니어 여성들이 차 안에서 흥겹게 춤을 춘다. '시니어 문화생활, 20대 추월. 60세 이상 문화예술 관람률 76.4%' 자막이 나오고 '세상, 달라졌다'는 카피로 마무리된다. 이런 광고가 나올 정도로 시니어의 문화예술 욕구는 전체적으로 증가 추세에 있다.

영화관에서 미술관, 박물관으로

문화생활 하면 가장 먼저 떠올리는 것이 영화다. 2시간 정도의 상영시간, 극장을 오가는 시간, 영화 전 또는 후의 식사시간까지 합치면 3시간 반에서 4시간이 소비된다. 물론 지금은 코로나로 영화산업과 극장이 어려운 시간을 보내고 있고, 많은 사람들이 넷플릭스나 IPTV로 영화를 보는 것도 사실이다. 하지만 극장만이 주는 매력이 분명 있다. 시니어는 젊은 시절 장시간 줄을 서서 간신히 표를 구하고 데이트를 했던 장소로 극장을 기억한다. 즉 극장에 가서 영화 보고 밥을 먹는 것은 그들에게 하나의 이벤트라고 할 수 있다.

영화 시장에서 시니어의 잠재력은 이미 숫자로 증명되고 있다. CGV에 따르면 45세 이상 관객의 비중이 2007년 5.3%에서 2016년 20.3%로 증가했다고 한다. 아마 지금은 물론 앞으로도 그 비중은 계속 높아질 것이다.

미술관 또한 교양 욕구를 충족할 수 있는 곳이다. 미술에 별 관심이 없던 나도 아내가 미술 전시회 관람을 좋아해서 몇 번 따라다녔는데 그러다 보니 자연스럽게 관심이 생겼다. 그 뒤로 EBS에서 명화와 작가에 대한 교육 프로그램을 방영하면 흥미롭게 시청하곤 한다. 유럽 등 해외 여행지에서 미술 작품을 접하는 것도 자연스럽게 관심이 높아지는 계기가 될 것이다. 이런 경향은 일부의 사람들에게만 해당하지 않는다.

2019년 5월 예술의전당 사장으로 취임한 유인택 사장은 연간 방문객 300만 명 중 절반에 해당하는 150만 명이 미술 관람객이라는 사실에 깜짝 놀랐다고 한다. 일반적으로 예술의전당이라면 오페라 극장, 음악당 등 공연 위주로 생각하는 경향이 있으나 미술관의 비중이 절반을 차지하고 있다. 예술의전당 외에도 많은 문화예술 공간에서 비슷한 경향을 보일 것이다.

일본에서는 유명한 전시회에 관람객이 몰려드는 상황이 2006년경부터 시작되었고, 2008~2009년에 더욱 관람객이 급증했다고 한다.[26] 이 시기는 일본의 베이비붐 세대인 단카이 세대가 60세를 맞은 시점과도 일치한다. 그 후 인기 전시회는 아예 처음부터 포기하는 사람들이 생겨날 정도였고, 2015년 여름 도쿄국립박물관 전시회는 평일인데도 입장 대기 시간이 3시간 20분에 이를 정도로 폭발적인 인기를 끌었다.

우리나라에서도 이런 일이 자주 발생할 것이다. 미술관과 박물관은 시니어의 취향에 맞춘 기획전을 자주 열 것이고, 그것이 흥행으로 이어질 가능성이 높다. 관람객이 많으면 미술관과 박물관의 재정이 튼튼해지고, 이는 다시 수준 높은 전시회를 기획할 수 있는 토대가 되면서 선순환이 일어날 것이다. 그 과정에서 도슨트(docent: 미술관 등에서 관람객들에게 전시물을 설명하는 안내인)와 박물관 해설사가 인기 있는 직업으로 떠오를 가능성도 있다. 이미 방송 출연으로 유명해진 도슨트도 있고, 방송에서 역사 관련 프로그램이 주목받는 것을 보면 충분히 가능한 일이다.

뮤지컬과 문화 체험

공연 시장에서 가장 주목받는 장르는 뮤지컬이다. 문화체육관광부가 발표한 '2018 공연예술 실태 조사'에 따르면 뮤지컬은 공연 시장 점유율이 57.8%에 달할 정도로 압도적이다. 2위 연극 17.5%, 3위 클래식 음악 8.8%와 비교하기 어려울 정도다. 뮤지컬 시장 규모는 2019년에 3600억 원 규모로 성장했다. 2001년 〈오페라의 유령〉 흥행을 계기로 비약적으로 성장한 뮤지컬 시장은 마니아층을 확보하고 있다. 과거에는 20~30대 여성이 가장 큰 관객층을 형성했으나 최근에는 〈맘마미아〉, 〈영웅〉 등의 흥행으로 중년 관객들의 증가세가 두드러진다. 중년 관객을 타깃으로 하는 창작 뮤지컬도 계속 기획되고 있다고 한다.

이렇게 시니어의 문화 향유가 늘어나는 데에는 '문화가 있는 날' 제도가 생긴 것도 한몫을 했다. 2014년 1월부터 시행된 이 제도는 매달 마지막 수요일에 주요 문화시설을 할인 또는 무료로 관람할 수 있게 했다. 국공립 박물관과 미술관, 주요 영화 상영관, 국립극장, 국립국악원, 정동극장, 예술의전당 등에서 할인 또는 무료 혜택을 받을 수 있다. 주머니 사정이 좋지 않은 시니어에게도 문화를 즐길 수 있는 기회를 제공하고 있다.

이런 움직임 속에서 우리가 주목해볼 것은 '평일의 가능성'이다. 시니어는 시간 부자이며, 주말에 얽매일 필요가 없다. 당연히 가격이 저렴하고 사람도 적은 평일을 선호한다. 문화예술을 즐기면서 근사한 식사 계획이나 주변을 둘러보는 계획도 세울 수 있다. 이런 경향이 가속화되면 문화예술 시설은 물론 주변의 식당이나 쇼핑 시설도 평일 매출 증가를 기대할 수 있다. 시니어가 움직이면서 경제 주체로서 또 하나의 가능성을 여는 것이다.

문화예술 관람에서 한 발 더 나아가면 직접 배우고 체험하기를 원하게 된다. 지금은 코로나 상황으로 주춤하지만 코로나 이전에 문화센터는 호황이었다. 백화점이 온라인 쇼핑몰의 공세에 밀려 힘든 상황에서도 부설 문화센터는 문전성시였다. 과거 동사무소 건물을 개조해 동네 문화센터로 활용하는 곳도 있을 정도로 뭔가를 배우겠다는 열망은 문화센터의 전성기를 만들고 있다. 그 고객 중 상당수는 시니어다.

일본의 사례를 보면 야마노 악기에서는 '어른의 음악교실'을 열었다. '칠 수 있게 되도록, 불 수 있게 되도록'이라는 슬로건으로 공감을 얻었다.[27] 쇼가쿠간 아카데미의 그림 클럽도 호응을 얻었다. '나도 그림을 잘 그리고 싶다'는 사람들의 욕구에 부응했다는 평이다. 또한 avex가 설립한 '즐길 줄 아는 어른을 창조하는 새어른 연구소'라는 슬로건의 'Life Design Lab'은 카페에서 배우는 창작교실이라는 콘셉트로 작곡가가 작곡을 가르쳐주는 교실, 연극인이 연극을 가르쳐주는 교실 등을 운영하고 있다. 도쿄의 젊은이 거리 하라주쿠에서 새로운 어른 문화를 만들어가고 있다. 이런 사례들을 볼 때 우리나라에서도 시니어 대상으로 문화예술 교육이 활성화될 가능성이 높다.

몇 년 전 '세시봉' 열풍이 불었을 때, 기타 판매와 교습이 폭발적으로 증가했었다. 이런 일이 문화예술 전반에서 펼쳐질 수 있다. 기존 문화예술 공연장이 시니어가 선호하는 평일 낮 시간에 이런 교육의 장소로 쓰인다면 장소 활용도

와 수익성을 동시에 높일 수 있는 좋은 방안이 된다. 또한 시니어가 시니어에게 가르쳐주는 방식을 도입한다면 수강생들은 자신을 잘 이해하는 교습 방식에 만족할 것이고, 강사가 되는 시니어는 자긍심과 더불어 수입원이 생기므로 서로에게 좋은 결과로 이어질 것이다.

무언가를 직접 만들어보겠다는 의욕을 가진 시니어도 많다. 예전에 일본 영화 〈내일의 기억〉을 본 적이 있다. 광고회사에 다니는 사에키(와타나베 켄)가 알츠하이머에 걸려 기억을 잃어가는 스토리다. 사에키는 취미를 갖고 손을 자주 쓰면 증세가 완화될 수 있다는 말에 도자기 강습을 받는다.

영화에서는 안타까운 일로 도자기 만드는 취미를 갖게 되는 상황이지만, 현실에서 시니어에게 무언가를 직접 만드는 취미가 있다는 것은 확실히 좋은 일이다. 시간을 유용하게 활용할 수 있고, 두뇌 활동도 되며, 창작의 결과물이 구체적으로 남아 보람도 있다. 그래서 주위를 둘러보면 도자기, 가죽공예, 목공, 종이공예, 주얼리 만들기 등 다양한 취미를 가진 시니어가 늘고 있다. 취미 수준을 넘어 자신의 작품을 다른 사람들에게 선보이고자 하는 분들도 많다. 이런 분들을 위한 장터가 '아이디어스'다. 현재 1만 7천 명이 작가로 등록되어 있다고 한다. 시니어만 등록되어 있는 것은 아니지만, 시니어에게 자신의 작품을 남들에게 선보일 수 있는 창구가 열린 것은 분명하다. 아이디어스에 따르면 우리나라 공예인의 평균 연소득이 1175만 원에 불과한데, 아이디어스 작가 평균은 2100만 원, 상위 35%가 되면 5500만 원의 연수입을 올릴 수 있다고 한다. 손재주와 아이디어가 뛰어난 시니어에게는 경제적 기반도 될 수 있는 셈이다.

작가 수준은 되지 못하더라도 무언가를 만드는 것은 자기만족과 자존감을 높이고, '나는 생산적인 사람'이라는 긍정적인 느낌을 주기 때문에 앞으로 이런 활동을 하는 시니어는 점점 더 늘어날 것이다. 이런 흐름을 잘 읽으면 새로운 비즈니스 기회를 창출할 수 있다.

문화예술을 즐기는 시니어는 또 다른 혜택도 누릴 수 있다. 학술논문에 따르면 문화예술 공간을 찾거나 문화 행사에 참여하는 고령자의 60%가 건강이 호전되는 효과를 얻었다고 한다.[28] 시니어는 문화예술을 통해 건강과 행복, 자신감을 모두 얻을 수 있으므로 이에 대한 관심이 더욱 높아질 것으로 기대한다.

50+

SMART SENIOR

리크리에이션
Re-Creation

여가활동

시니어의 여가활동 중 단연 으뜸으로 꼽히는 것은 여행이다. 국내 여행지는 물론이고, 해외여행도 자주 즐긴다. 1989년 해외여행 전면 자유화 조치가 취해지기 전에는 항공사와 여행업 종사자, 사업이나 공무로 외국을 방문하는 목적 외에는 해외에 나가기가 어려웠다. 불과 30여 년 전만 하더라도 해외여행을 자유롭게 하지 못했다고 하면 요즘 젊은 세대는 이해하지 못한다. 아무튼 해외여행 길이 열리면서 동남아, 유럽, 미국, 호주 등으로 점점 영역이 넓어졌다. 처음에는 패키지 여행 일변도였다가 자유여행을 즐기는 사람들도 늘어났다. 대학생들은 배낭여행이라는 새로운 트렌드를 만들어냈다.

방송에서도 〈걸어서 세계 속으로〉를 필두로 〈배틀트립〉 등 다양한 여행 프로그램이 생겨났다. 프로그램을 보면서 여행 욕구를 키우고, 꼭 가고 싶은 곳을 찍어두었다가 직접 방문하기도 한다.

시니어에게 여행의 자신감과 의욕을 불러일으킨 프로그램은 〈꽃보다 할배〉였다. 스태프와 후배 배우 이서진이 돕기는 하지만 할아버지들이 씩씩하게 여행을 즐기는 모습이 시니어의 여행 욕구에 불을 붙였다. 시니어는 기본적으로 패키지 여행을 선호한다. 숙박, 교통, 식사 등을 걱정할 필요 없이 관광에만 열중하면 되기 때문이다. 최근에는 패키지와 자유여행의 장점을 결합한 상품들도 나오고 있다. 숙소와 항공권만 제공하고 자유롭게 일정을 짜는 방식이다. 현재 50대 중반 이하의 연령대는 젊은 시절 배낭여행을 경험한 사람도 있기 때문에 두려움 없이 결합상품을 선택하기도 한다. 일본의 경우, 비즈니스 클래스를 타고 떠나는 해외여행이 큰 인기를 끌었다. 기왕 떠나는 여행을 편안하고 고급스럽게 즐기겠다는 욕구가 표출된 것이다. 출장 때문에 비즈니스석을 탔는데 시니어로 만석을 이룬 것을 보고 놀랐다는 이야기가 많았다. 앞으로 얼마나 기회가 있을지 확신할 수 없기 때문에 더 과감하게 지출하려는 심리가 작용하는 듯하다.

이런 트렌드는 우리나라에서도 감지된다. 2019년 CJ오쇼핑에서 927만 원에 판매한 최고급 여행상품은 1시간 동안 157억 원의 매출을 올리며 완판됐는데, 구매 고객의 73%가 50대 이상이었다.[29] 지금은 코로나로 여행산업이 심각하게 위축된 상황이지만 이 상황이 종료되면 우리나라에서도 항공기 비즈니스 클래스가 시니어 고객들로 가득 찰지도 모른다. 여행사의 상품 기획에도 반영되어야 하고, 특히 항공사는 프리미엄 이코노미 같은 좌석을 개발하여 비즈니스석 수요를 충족하는 것도 고려해야 할 것이다.

여행이 각광받고 활성화되면 시니어를 대상으로 여행을 디자인해주는 '여행 디자이너'도 각광받는 직업이 될 수 있다. 경제적 여유는 있지만 여행 계획을 스스로 짜기가 부담스럽고, 그렇다고 여행사의 정형화된 상품에는 선뜻 손이 가지 않는 시니어, 또는 계획 짜는 것 자체를 귀찮아 하는 시니어를 대상으로 여행 플랜을 수립해주는 디자이너가 있다면 호응도가 높을 것이다. 기왕 가는 여행에서 본인은 물론이고, 특히 배우자에게 일정 수준 이상의 만족도를 끌어내는 것이 중요하기 때문이다. 또한 비용은 좀 높아지더라도 시니어가 현지에서 더욱 친절하게 설명을 들을 수 있는 '여행 안내업'도 부각될 수 있다. 시니어는 '싼 게 비지떡'이고 '쓸 때는 써야 한다'는 것을 잘 알고 있기 때문에 비용이 조금 더 드는 것은 개의치 않을 수 있다.

또 한 가지 트렌드는 보고 즐기는 여행에서 공부하는 여행으로의 변화다. 이른바 에듀테인먼트인데, 엔터테인먼트에 교육적 성격을 가미한 여행을 말한다. tvN의 〈알쓸신잡〉을 떠올리면 이해하기 쉬울 것이다. 이런 트렌드의 세계적인 대표 주자는 '엘더호스텔'이다. 세계 최대의 시니어 대상 평생학습 서비스 기관인 엘더호스텔은 1975년에 창설된 비영리단체로 방학을 맞아 비어 있는 대학 강의실이나 기숙사를 활용하여 역사, 문화, 정치, 국제문제, 미술, 음악, 와인, 유기농 등 다양한 분야의 강좌를 개설하여, 시니어들에게 학습 프로그램을 제공했다.[30] 유럽의 유스호스텔을 벤치마킹한 이름으로 미국 뉴햄프셔에 있는 전문대학 캠퍼스에서 시작한 엘더호스텔은 1980년대 미국 전역과 캐나다, 영국, 북유럽으로 사업 범위를 확장했다. 1985년에는 손자, 손녀와 함께 하는 프로그램을 최초로 판매해 세대 통합형 여행 프로그램 흥행에 성공했고, 1998년에는 등록 회원 수가 25만 명을 넘었다. 2010년에는 회사명을 로드스칼라로 바꾸고, 미국 베이비붐 세대를 겨냥해 여행과 교육을 연계한 프로그램을 내놓았다.

2019년 현재 로드스칼라에는 연간 10만 명 이상의 시니어가 150여 개 나라, 5500개 교육 연계 프로그램에 참여하고 있다.[31] 앞으로 우리나라에서도 이러한 형태의 에듀테인먼트 프로그램이 각광받을 것이라 생각한다. 전국 각지에 있는 대학교 강의실과 기숙사, 공공기관과 기업의 연수원들이 강의 장소와 숙박을 제공할 수 있다. 지역의 역사 유적을 탐방하고, 지역 예술가들의 공연과 전시를 관람하며, 지역의 특산물로 만든 식사를 즐기고, 다양한 종류의 수업을 듣는다. 수업을 같이 받는 시니어끼리 친분을 쌓고, 이후에도 서로 연락하며 교류하는 것도 가능하다. 무엇보다 취향과 취미를 공유하는 사람들이기 때문에 새롭게 커뮤니티가 형성될 가능성이 있다. 남성 시니어는 직장 퇴직 후 친구나 이웃과의 교류를 원하기 때문에 이런 프로그램에 적극적으로 참여할 것이고, 여성 시니어는 남편이 비생산적인 일로 시간을 보내는 것보다 훨씬 바람직하다고 여겨 반길 가능성이 높다. 지방자치단체 입장에서도 새로운 수입원을 만들고, 지역에 활력을 불어넣을 수 있으므로 적극적으로 호응할 것이다.

일본에서 시니어 여행과 관련해 가장 성공적인 곳은 '클럽 투어리즘'이다. 원래는 긴키 일본 투어리스트의 한 사업부였지만, 현재는 독립해 긴키 일본 투어리스트와 병존하는 기업이 되었다. 수도권을 중심으로 300만 세대가 네트워크를 형성하고 있으며, '일본의 100대 명산을 오르는 모임' 등 다양한 여행 클럽이 형성되어 있다. 흥미로운 점은 클럽을 리드하거나 운영자 역할을 하는 사람들 가운데 시니어 세대가 있다는 것이다. 펠로 프렌들리 스태프로 불리는 이들은 친구도 사귀고 일도 하는 행복한 시니어 라이프를 즐기고 있다.

클럽 투어리즘의 성공 비결을 정리하면 다음과 같다.[32]

첫째, 긴키 일본 투어리스트의 여행 상품을 이용한 고객들의 데이터베이스를 정리해 한 번 이용했던 시니어 고객을 선별했다. 이것이 클럽 투어리즘 사업의 발판이 되었다.

둘째, 데이터베이스에 등록된 시니어 고객에게 '여행의 벗'을 무료로 배포했다. 200쪽 분량의 여행 카탈로그인데, 매달 390만 세대에 배포된다. 여행 상품만이 아니라 마음 여행, 산책 등 테마별 여행 정보를 담고 있어 여행 정보지 역할을 한다.

셋째, 여행과 클럽 활동을 통합한 비즈니스 모델이다. 사람들과 교류하고자 하는 시니어의 니즈를 충족시키는 데 초점을 맞추고 있다. 앞으로 클럽을 1천 개까지 늘릴 계획이라고 한다.

넷째, '프렌들리 스태프'라는 클럽 도우미의 존재다. 클럽에서 기획하는 여행지와 숙박에 대한 정보를 제공한다. 최근에는 앞서 언급한 펠로 프렌들리 스태프가 늘고 있다고 한다.

다섯째, 증권사와 제휴하여 자산 운용 서비스를 제공하고 있다. 시니어의 투자에 대한 관심에 호응한 것이다.

클럽 투어리즘도 교육과 연계해 '여행 문화 대학'이라는 문화 교실을 운영한다. 다양한 강좌를 운영 중인데, 특히 스케치, 사진, 어학 등은 여행과 상승효과를 기대할 수 있다. 또한 2007년부터 '클럽 투어리즘 카페'를 운영하면서 시니어 간의 교류와 정보 교환을 돕고 있다. 덕분에 '무덤 친구'를 사귀게 되었다는 말이 전해진다.

이런 성공적인 사례를 볼 때, 우리나라에서도 이 분야의 선도적인 기업이 나타난다면 성공 가능성이 높다고 생각한다. 특히 확실한 고객 기반을 형성할 경우 일종의 '시니어 마케팅 플랫폼'이 될 가능성에 주목하고 있다. 만약 활동적이고 경제적 여유가 있는 시니어를 300만 명 이상 멤버로 모을 수 있다면, 그 고객 기반을 활용해서 다양한 비즈니스가 가능해질 것이다. 예를 들어 시니어 대상으로 어떤 제품을 소개하면 일정한 판매를 확보할 수 있게 된다. 300만 명이 공동구매를 할 경우 엄청난 할인 혜택을 누릴 수 있을 것이 자명하다. 또한 다양한 업체들이 제휴 요청을 할 것이고, 그 혜택은 다시 시니어에게 돌아갈 것이다. 네이버와 카카오가 다양한 분야로 비즈니스를 확장할 수 있는 것은 무엇보다 일상적으로 접속하는 충성 고객층을 확보하고 있기 때문이다. 더구나 시니어를 선별해서 보유하고 있는 플랫폼이 아직까지는 없다고 해도 과언이 아니므로 확실하게 선두에 설 수 있다. 누구나 알고 있듯이 플랫폼은 선발주자에게 유리한 영역이다. 과연 우리나라에서 누가 선두주자가 될지 궁금하다.

대규모의 커뮤니티는 아니더라도 시니어는 이미 삼삼오오 움직이고 있다. 내가 아는 직장 은퇴자는 대학 동문이 주관하는 서울 역사기행에 참여하고 있다. 대학 동기가 인솔자 겸 해설자로 나서서 모집된 동기들을 대상으로 서울의 역사적 명소를 찾아 해설하고, 탐방이 끝난 후에는 막걸리 한 잔을 나눈다고 한다. 대학 시절 전혀 몰랐던 다른 과 친구들과도 쉽게 친해진다고 한다. 이런 움직임이 많아지고 조직화되면 다음에 소개할 일본 나가사키 사례처럼 발전할 수도 있다.

2006년 4월부터 10월까지 나가사키시는 도시 걷기 박람회를 개최했다.[33] 천주교인들의 순교지, 해외 교류 장소인 데지마 등 역사가 살아 숨 쉬는 거리를 걸어보는 이벤트였다. 나가사키시에서는 단카이 세대 여행객을 유치하기 위해 노력했고, 시민들도 적극 협조하여 안내자 역할을 담당하고 지역의 역사를 소개하거나 맛집을 소개하기도 했다.

우리나라에서도 이런 노력과 기획이 필요하다. 경주, 부여, 안동, 전주, 군산 등 역사적 스토리와 콘텐츠가 풍부한 도시들이 한국에는 많다. 사람들이 자발적으로 찾아오기를 기다릴 게 아니라, 적극적으로 프로그램을 기획하고 마케팅을 하는 노력이 필요하다. 그런 과정에서 쌓인 경험과 노하우, 실패 또는 성공 사례들이 시니어 대상 마케팅을 더욱 풍부하게 해줄 것이다.

취미생활도 중요한 포인트다. 일본 DeNA의 '취미인 클럽'이 대표적인 성공 사례다. '50대 이상을 위한 취미 SNS'를 표방한다. 사진, 여행 등 다양한 취미를 갖고 있거나 시작해보려는 사람들에게 같은 취미를 가진 선배나 동료를 만날 수 있음을 어필해 32만 명이 넘는 회원과 월간 2억 6천만 페이지 뷰를 자랑하는 대형 사이트가 되었다. 이들의 성공 비결 중 하나가 객관성이다. 사이트 운영 스태프는 모두 30대 이하인데, 시니어에 대한 선입견을 버리고 정확한 정보를 수집했다. 또한 성공 사례인 클럽 투어리즘과 제휴함으로써 취미인 클럽을 성공시켰다.[34] 이런 사례를 볼 때 우리나라에서도 성공 케이스가 나올 수 있다고 생각한다.

시니어는 이미 취미활동을 적극적으로 하고 있다. 부부 동반으로 즐기는 뮤지컬, 오페라, 연극 등의 공연 관람, 남자들이 즐기는 당구 같은 게임, 그외 다양한 취미 등 마케팅 대상은 무궁무진하다. 아직 이런 시니어 취미인들을 제대로 조직해낸 곳이 없다.

'클래스 101'은 누적 방문자 1400만 명, 누적 클래스 850개, 강사 수 1만 5천 명으로 국내 최대 규모의 취미 플랫폼이다. 그런데 시니어의 자발적인 참여는 많지만 시니어를 주 타깃으로 표방하고 제대로 조직해내고 있지는 않은 것 같다. 만약 누군가 이 과업을 달성한다면, 그 결과물은 또 다른 '시니어 마케팅 플랫폼'이 될 수 있다. 그 효과는 앞에서 이미 언급했다.

음악도 시니어에게 중요한 여가생활이다. 몇 년 전에 7080 음악이 다시 유행했던 적이 있다. 관련된 TV 프로그램도 나오고, 7080 라이브 카페가 성업했다. 그 노래들을 활용한 뮤지컬도 만들어졌다. 음악을 매개로 그 시절을 다시 소환한 시니어들은 기꺼이 지갑을 열었다. 음악은 그런 힘이 있다. 고급스럽게 음악을 즐기고자 하는 시니어는 통크게 지갑을 연다.

영국 프리미엄 오디오 브랜드인 '루악 오디오'의 경우, 400만 원대에 이르는 고가 제품임에도 불구하고 첫 방송 당시 초과 실적을 달성했는데, 중년층 구매 비중이 60%에

육박했다.[35] 앞서도 말했지만 시니어는 '쓸 때는 쓰는 사람들'이다.

　시간 여유와 일정 수준의 경제력을 바탕으로 여가를 즐기는 시니어는 앞으로 더욱 늘어날 것이다. 그들을 대상으로 마케팅 활동을 제대로 해내는 기업과 브랜드가 등장하기를 기대한다.

재창조

　젊은 노인도 있고, 늙은 청년도 있다. 사고방식이나 행동이 진취적이지 못하면 나이는 젊어도 노인과 다름없고, 육체적 나이는 늙었지만 적극적이고 긍정적인 청년의 마인드를 가진 사람도 있다. 결국 마음에 달려 있다. 앞서가는 시니어는 '일에서는 은퇴해도 사회에서는 은퇴하지 않는다'는 마음을 가지고 있다. 은퇴 전과는 달리 개인적인 생활에 좀 더 몰입하면서도 사회와 지속적으로 관계를 유지하는 것을 희망한다.

　1997년 미국에서 encore.org라는 사회 혁신기관을 설

립한 마크 프리드먼은 오랜 연구를 통해 중년과 노년 사이를 인생의 새로운 절정기인 '앙코르 커리어'로 정의했다.[36] 그는 먼저 '일할 자유'를 언급하면서 '왜 사는지, 어떤 삶이 의미 있는 삶인지, 꼭 해보고 싶은 일은 무엇인지'에 대한 성찰을 통해 두 번째 인생을 설계해야 일에서 기쁨과 보람을 느낄 수 있고, 자존감과 정신적 충만감을 높일 수 있다고 한다.

두 번째 일을 찾기 위해서는 나를 되돌아보고, 잊고 있던 것들을 돌이켜보는 여유를 가지며, 무엇이 나를 충만하게 하는지를 발견해야 한다. 좋아하는 일을 위해 다시 처음부터 시작하는 것을 두려워해서는 안 되며, 적성에 맞는 일을 발견하면 그 일에 대한 재교육을 통해 사회와 다시 연결되어야 한다고 말했다.

시니어가 두 번째 인생을 설계할 때 중요하게 생각하는 것이 '공익'이다. 돈을 벌어 생계를 유지하는 것을 넘어 사회적으로 의미 있는 역할을 하고, 이를 통해 자신의 인생이 의미 있고 행복한 삶으로 발전해 나가기를 바라는 심리가 있다. 사회적 기업이나 협동조합과 같이 공동체 성격이 강한 일, 또는 소외계층이나 약자를 위한 사회복지 관련 업무, 기타 사회적 기여가 가능한 일에 관심을 보이는 시니어가 여기에 해당한다. 설령 두 번째 인생의 중심축을 공익에 두지 않더라도, 생활의 일부만이라도 공익적 기여를 염두에 두는 시니어도 많다. 후배 세대에게 도움을 주면서 성취감을 느끼는 시니어, 개발도상국에 자신의 경험을 전수하며 보람을 느끼는 시니어, 노하우가 부족한 중소기업에 경험을 전수하는 시니어도 큰 틀에서 보면 공익적 기여에 해당한다.

두 번째 인생과 관련해서 주목해볼 모델은 부부 학자 파울 발데스(Paul Baltes)와 마그렛 발데스(Margret Baltes)가 만든 SOC(Selective Optimization with Compensation) 모델

이다.[37] SOC는 선택, 최적화, 보상의 약어로 성공적인 노화 과정에서 필요한 것들이다. 우선 지금까지 해왔던 활동 영역 중에서 자신에게 의미 있는 영역을 선택하고, 현실에 맞는 새로운 목표를 설정하여 삶의 방향을 결정짓는다. 다음으로 선택한 영역에 아직 남아 있는 기능과 자원을 집중적으로 투입하여, 새로운 목표를 달성하기 위해 노력한다. 마지막으로 잃어버린 기능을 다른 기능과 자원으로 보완하여 목표를 달성할 수 있도록 한다는 것이다. 한마디로 선택과 집중, 보완을 통해 새로운 목표를 달성하여 두 번째 인생을 풍요롭게 하자는 말이다.

두 번째 인생은 시니어에게는 미지의 세계이자 두려움의 대상이기도 하다. 정해진 코스대로 공부했고, 이미 수십 년간 익숙해진 첫 번째 인생과 달리 두 번째 인생은 기존의 관성에서 벗어나 새로운 관점으로 새로운 상황 또는 새로운 일에 도전해야 한다. 이때 필요한 것 중 하나가 창의성이다. 그런데 창의성은 어느 날 갑자기 떠오르는 발상이나 영감이라는 잘못된 인식이 있다. 특히 천재들이나 가능한 일이라는 생각은 잘못된 것이다.

창의성은 어떤 일에 대해 아주 깊은 사색과 고민의 시간을 보낼 때, 어느 순간 떠오르는 아이디어라고 할 수 있다. 여기서 전제는 몰입의 시간이다. 아르키메데스는 깊은 고민의 시간을 보내면서 집요하게 생각을 이어갔기 때문에 목욕탕에서 넘치는 물을 보고 아이디어가 떠올라 '유레카'를 외칠 수 있었다. 뉴턴이 떨어지는 사과를 보고 만유인력을 발견한 것도 마찬가지다. 오랜 시간 깊은 사유가 있었기에 가능했던 것이지, 떨어지는 사과를 보고 우연히 발견한 것이 아니다. 한마디로 끈기가 필요하다. 그런데 시니어는 오랜 경험을 통해 쉽게 포기하지 않고 끈기 있게 노력하는 것의 중요성을 알고 있다. 즉 시니어는 일반적 편견과는 달리 창의성을 발휘할 수 있는 좋은 조건을 갖추고 있다. 이제 시니어가 창의성을 바탕으로 스스로를 어떻게 재창조하고 있는지 살펴보자.

공부는 영원하다

오랜 직장생활을 마치고 은퇴를 하게 되면 허탈하다고 느끼는 사람들이 많다. 그런 느낌에서 탈출하고자 예전부터 알아보고 배워보고 싶었던 것에 눈길을 돌린다.

미국 시니어 시장에서 가장 역동적인 분야는 평생학습 시장이다. AARP(미국은퇴자협회)의 조사에서 50세 이상 시니어의 90% 이상이 평생학습에 흥미가 있다고 말했다.[38] 미국 보스턴 인근의 러셀대학교 캠퍼스 내에 위치한 '러셀 빌리지(Lasell Village)'는 미국 최초로 대학교 캠퍼스 내에 위치한 시니어타운이다.

2000년 개장한 러셀 빌리지는 15개 동으로 이루어진 대형 단지인데, 각 동마다 강의실이 갖춰져 있다. 입주자들은 의무적으로 연간 450시간 이상의 강의를 수강해야 한다. 이 때문에 하루 평균 1시간 15분 동안 학습과 복습으로 바쁘게 시간을 보내고 있다. 이런 의무 부과에도 불구하고 100% 입주 상태다.[39] 이 사례를 보면 시니어에게 공부는 고통이 아니라 즐거움이라는 것을 알 수 있다.

주위를 돌아보면 도서관을 찾는 시니어가 많다. 시간을 의미 있게 보내기 위해 독서를 하거나 공부를 한다. 얼마 전 연예인 서경석이 지원해 화제가 되었던 공인중개사 등 다양한 자격증에도 도전한다. 외국어를 배우기도 하고, 역사에 심취하기도 한다. 완전히 미지의 분야보다는 조금 아는 분야가 더 탐구욕을 자극하는 법이다. 방송에서도 역사 관련 프로그램이 많다 보니 자극을 받기도 한다. 역사를 공부하다가 궁금증이 생기면 직접 박물관을 찾아가 확인하기도 한다. 공부를 통해 알게 된 것을 국내외 관광을 할 때 주변 사람들에게 설명해준다. 은근히 자부심이 느껴진다. 그리고 공부를 하면 그 현장에 가보고 싶은 욕구가 커진다. 한마디로 지적 활동과 육체활동의 선순환이 이뤄지는 것이다. 공부에 더 강한 흥미를 느끼는 시니어는 방송통신대학을 찾기도 한다. 저렴한 학비에 체계적인 교육을 받고, 소속감을 느끼고 커뮤니티도 구축할 수 있는 좋은 방법이다.

경제적 이유에서든 다른 이유에서든 새로운 직업을 얻기를 원하는 시니어라면 재교육이 필요하다. 여기서 나는 대학의 위기와 새로운 가능성을 말하고 싶다. 2021년은 우리나라 대학에 중대한 위기가 발생한 해다. 대학 정원보다 대입 가능 자원이 더 적은 일이 실제로 발생했다. 이제는 말로만 얘기되던 대학의 위기가 피부로 느껴지는 상황이다. 특히 지방대학의 위기가 심각하다. 지역 불균형이 너무 심하다. 서울과 수도권의 인구가 50%를 넘고 경제력은 더욱 심하게 편중된 상황에서 지역 균형 발전이 급속히 이뤄지지 않으면 위기는 더욱 가속화될 것이다. 위기를 맞은 대학에게는 평생교육원과 재교육기관으로 전환 또는 대폭 강화하는 것이 하나의 해법이 될 수 있다.

평생교육원은 현재 일부 대학 편입 희망자를 위한 장으로 활용되기도 하지만, 일반인을 위한 강좌가 운영되고 있고 시니어가 많이 참여하고 있다. 대학 입장에서는 쉽게 결정하기 어려운 일이겠지만 누군가 빨리 결정하고 시장을 선점한다면 후발주자는 더 큰 어려움을 겪어야 할 수도 있다. 만일 대학의 많은 자원들이 그대로 사장된다면 결국 국가적 손실로 이어질 수밖에 없다. 정부에서도 전환 또는 대폭 강화를 희망하는 대학에 대해서는 다양한 지원을 할 필요가 있다.

공부는 시니어의 두뇌 활동을 위해서도 적극 권장할 일이다. 치매 예방에도 좋고, 자부심과 생동감을 줄 수 있다. 시니어 고객을 유치하기 위해 백화점에서는 심지어 천 원만 내면 들을 수 있는 강좌도 운영하고 있다. 공부에 뜻이 있는 시니어에겐 더 많은 기회가 열리고 있다.

일이 필요하다

2018년 미래에셋 은퇴연구소에서 조사한 바에 따르면 주된 일자리에서 퇴직을 하는 평균 연령이 54.5세라고 한다. 그중 정년퇴직, 해고나 권고사직, 폐업 등으로 인한 비자발적 사유인 경우가 54.4%이다. 공식 노인 연령이 65세임을 감안하면 이들은 노인이 되기까지 10년 이상이 남아 있다. 본인이 더 이상 일하기를 원하지 않거나, 노후 준비가 되어 있는 경우가 아니라면 대부분 일자리를 갖고 싶어 한다.

경제적 여유가 있어도 일을 통해 자아실현을 하고 싶은 시니어가 많다. 재취업한 경우 평균 월급이 215만 원이고, 그중 62.5%는 200만 원에 못 미치는 월급을 받고 있지만, 어쨌든 일할 기회와 자리가 있다는 것은 그들에게 소중한 의미가 있다.

일자리를 찾는 시니어를 위해 정부에서도 나름대로 노력을 하고 있다. 우선 시니어 인턴십을 운영하고 있다. 60세 이상의 직원을 고용했을 경우 인턴 3개월간 월 최대 45만 원, 인턴 종료 후 6개월 이상 고용계약 시 3개월간 월 최대

45만 원을 고용주에게 지급한다. 1명 고용 시 최대 270만 원을 받을 수 있다. 정부 입장에서는 큰 지출이지만, 고용주 입장에서는 135만 원을 더 받기 위해 고용계약까지 결심하기가 쉽지 않다. 결국 인턴 기간으로 종료되거나 최대 9개월 일자리로 끝나기 쉽다. 또한 제도 성격상 단순한 업무가 배정될 가능성이 높다. 그러면 단기 취업 후 다른 일을 찾는 악순환이 계속될 수도 있다. 정부가 나름의 노력을 하는 데는 찬사를 보내야겠지만 좀 더 근본적인 방법을 고민할 필요가 있다.

다른 사례로는 중소벤처기업부와 창업진흥원이 주관하는 장년 인재 서포터즈가 있다. 중장년층 숙련퇴직 인재와 청년(예비)창업 초기 기업 간 매칭을 지원하는 사업이다. 지식과 경험을 유용하게 사용할 수 있도록 한다는 점에서 좋은 사업이라 생각한다.

또한 노사발전재단 중장년일자리희망센터는 전직 지원 서비스를 제공하고 있다. 전직 컨설팅, 구인구직 알선, 구직 지원 서비스 등을 제공하고 있다.

이런 노력들이 좀 더 체계적이고 광범위하게 제공되어야 한다. 무엇보다 재취업을 위한 재교육이 잘 진행될 수 있도록 시스템을 잘 구축해야 한다. 앞서 언급한 대로 대학 시설과 인력을 활용하는 방법도 고려해야 할 것이다.

민간 영역에서도 시니어 인력 활용 사례가 늘고 있다. GS리테일에서는 2014년부터 시니어 인턴제도를 운영하고 있는데, 직영점에서 한 달간 서비스 교육을 이수한 후 가맹점포에 투입하는 방식이다. 1년 6개월간 인턴으로 성실하게 근무한 시니어를 스토어 매니저로 채용한 사례도 나왔다고 한다. CJ대한통운에서는 실버택배 제도를 2013년부터 운영하고 있다. 기존 택배와 달리 거점을 중심으로 카트나 수레를 이용해 근거리 택배를 하는 방식이다.

베이비시터와 가사도우미 구인구직 플랫폼인 단디헬퍼는 육아와 가사 경험이 풍부한 시니어 여성을 주요 구직자로 운영하고 있다.

화이트칼라를 대상으로 한 플랫폼도 있다. 2018년 출범한 휴넷의 '탤런트뱅크'는 지식과 경험을 고루 갖춘 시니어 전문가를 기업의 요구 사항에 맞게 매칭해 필요한 기간 동안 프로젝트를 수행할 수 있도록 도와준다. 2년간 700건의 프로젝트가 매칭되었다. 여기서 재의뢰율이 60%가 넘는다는 점에 주목할 필요가 있다. 한 번 이용해보고 만족해서 다른 프로젝트로 이어지는 경우가 많다. 현재 2200명의 시니어 전문가 풀을 확보하고 있으며 평균 나이는 53.8세다. 해당 분야 15년 이상 경력자들로 서류 전형과 심층 인터뷰를 통과한 검증된 전문가들만 등록되어 있다. 2019년 4분기에는 월 평균 의뢰 건수가 70건이었는데, 코로나가 본격화된 2020년 3월 이후에는 월 평균 100건을 넘어섰다. 온라인 마케팅 분야와 신사업 의뢰가 늘었다고 한다. 기업들이 새로운 먹거리를 찾고, 온라인에서 활로를 찾기 위한 움직임이 활발해진 결과로 풀이된다. 프로젝트 의뢰 분야는 마케팅(23%), 경영전략/신사업(19%) 순서인 데 반해, 전문가 구성은 경영전략/신사업(38%), 마케팅(13%) 순이어서 마케팅과 관련된 시니어 인재들에게 더 많은 기회가 있을 것으로 보인다. 앞으로 이런 형태의 플랫폼이 더욱 활발해지면 각 분야의 시니어 전문가들은 거기서 수입과 보람을 함께 찾게 될 것이다.

창업에 나서는 시니어도 있다. 특히 경험과 노하우를 기반으로 창업하는 경우 큰 규모의 자금 투자가 필요하지 않다. 각종 컨설팅 회사나 연구소가 대표적인 사례다. 만약 창업에 자금 투자가 필수인 경우 일이 잘 풀리지 않는다면 노후 자금에도 악영향을 미치겠지만 자금 투자가 크지 않다면 부담 없이 도전해볼 수 있다.

다양한 방법으로 시니어가 일자리를 찾고 있지만 의욕만큼 일자리가 많지는 않다. 시니어는 근로 의욕이 높고 체력도 좋은 편이다. 시니어에 대한 전반적인 인식 개선, 다양한 근무 형태와 보수 지급 방식, 믿을 수 있는 일자리 매칭 플랫폼, 성공 사례를 만들겠다는 시니어 스스로의 도전과 노력 등이 결합된다면 일을 필요로 하는 시니어에게 더 많은 기회가 주어질 것이다.

다음 세대를 지원한다

인구구조의 변화로 인해 앞으로는 소수의 젊은 세대가 다수의 고령 세대를 지탱해야 할지도 모른다. 모두가 걱정하고 있는 이 문제를 관점을 바꿔서 다수의 고령 세대가 소수의 젊은 세대를 지원하는 방식으로 풀 수도 있지 않을까? 젊은 세대가 고민하는 육아, 자녀 교육, 창업 등의 분야에서 시니어가 경험을 바탕으로 지원하는 구조를 만들면 젊은 세대들이 실질적인 도움을 받고 시니어를 부담스러운 존재로 여기지 않게 될 것이다.

시니어는 젊은이의 멘토 역할을 할 수도 있다. 젊은 사원들은 회사에서 많은 고민을 갖고 있다. 예전보다 훨씬 더 두터운 부모의 보호막 속에서 성장한 경우가 많고, 사회생활에 필요한 커뮤니케이션 능력이 미흡한 경우도 많다. 심지어 거래처와 전화 통화하는 것을 두려워해 메신저로만 소통하기를 원하는 경우도 있다. 그러다 보니 본인의 적성과 능력에 대한 고민, 사회생활에 대한 회의감 등으로 방황하기도 하고, 직위가 오르면 자기보다 더 젊은 직원들을 어떻게 지휘·통솔해야 하는지 고민이 많아진다. 이럴 때 시니어가 도움을 줄 수 있다. 상사의 특성을 이해하고 그들과 커뮤니케이션을 원활히 할 수 있도록 코칭할 수 있다. 직장생활에서 필요한 마음가짐, 능력 개발, 리더십에 대한 조언도 해줄 수 있다. 시니어가 시대 트렌드를 따라가는 면에서는 조금 부족하겠지만 오랜 사회 경험에서 우러나온 통찰력과 조언은 젊은 세대에게 확실히 도움이 된다고 본다. 사회 공헌에 적극적으로 나서는 시니어도 있다. 미국에는 SCORE(The Service Corps of Retired Executives)라는 사회

리크리에이션(Re-Creation)

공헌 단체가 있다.[40] 새로운 기업을 창업하려는 차세대를 지원하는 은퇴 경영자들의 모임으로, 많은 성공 사례를 만들어 백악관에서 표창을 받기도 했다. 업종을 불문하고 각 분야에서 성공 경험을 가진 전문가들의 살아 있는 자문을 얻을 수 있다. 가장 많은 상담 내용은 자금 조달 방법이고, 그다음이 마케팅 노하우라고 한다.

우리나라에서도 2019년 11월 LG그룹 출신 전문 경영인들이 모여 '엔젤식스플러스'라는 스타트업 컨설팅 그룹을 만들었다. CEO 출신 외에 자문그룹에 여러 전문가를 위촉해 스타트업에 실질적인 도움을 주고 있다. 또한 2020년 여름에는 아주대와 창업 지원 업무 협약을 맺고 창업 동아리에 조언과 지원을 하고 있다. 이런 사례가 앞으로 더 많이 나올 것으로 기대한다. 여기서 성공적인 투자, 자문 사례들이 나오면 시니어의 능력과 활약에 대한 인식도 크게 좋아질 것이라 기대한다. 시니어와 젊은이들이 서로에게 긍정적인 영향을 미치는 선순환이 일어나면 우리 사회가 더욱 밝은 방향으로 갈 수 있다고 믿는다.

50⁺
SMART SENIOR

>> 6 >>

테크놀로지
Technology

시니어에 대해 갖고 있는 편견 중 하나가 각종 테크놀로지에 익숙하지 않을 뿐 아니라 거부감도 갖고 있다는 인식이다. 사실은 그렇지 않다. 베이비붐 세대의 맏형인 1955년생의 경우 1990년대에 30대 중반이었다. 즉 그들은 컴퓨터를 일상 업무에 활용했던 세대다. 테크놀로지에 대해 거부감을 갖고 있지 않다. 더구나 요즘의 테크놀로지는 'easy to use'라 하여 사용자 편의성에 중점을 두고 있어 많은 교육이 필요하지 않다. 그만큼 시니어가 접근하기 쉽다.

일본 하쿠호도 조사에 따르면 인간관계가 넓은 시니어는 정보 수집에 적극적인 경향을 보인다. 바꿔 말하면 테크놀로지에 익숙하고 정보를 많이 가진 시니어는 인간관계를 더욱 넓힐 수 있다는 의미이기도 하다. 그리고 정보 수집력을 바탕으로 적극적인 소비를 하게 되면, 다른 일반 시니어에게도 영향을 미쳐 정보력과 소비가 전체적으로 동반 상승하는 결과를 만들 수 있다.

네트워크의 강자

한편 시니어는 네트워크 욕구가 강하기 때문에 SNS 활동을 활발하게 한다. 시니어는 사회로부터 멀어지는 것을 두려워하기 때문에 가족, 친구, 지인들과 긴밀하게 관계를 유지하고 싶어 한다. 또한 자신에 대한 기록을 남기고 싶어해서 블로그 등을 통해 글을 쓰고 세상과 소통하려고 한다.

그런 그들에게 반드시 필요한 도구가 스마트폰이다. 2009년 아이폰이 KT를 통해 도입되고, 2010년 애플 광고가 단독으로 집행되면서 우리나라에서도 스마트폰 시장이 본격적으로 성장하기 시작했다. 초기에는 생소하고 쓰기 어렵다는 반응을 보였으나 곧 익숙해졌고, 이제는 스마트폰을 사용하지 않는 시니어를 찾기가 더 어렵다.

방송통신위원회에서 발표한 2019년 방송매체 이용 실태 조사에 따르면 스마트폰 전체 보급률이 91.1%인데 60대의 보급률이 85.4%였다. 50대의 경우 98.3%로 10~40대와 전혀 차이가 없어 시니어의 스마트폰 이용은 이미 대세가 되었음을 알 수 있다. 단, 70세 이상은 39.7%로 크게 차이가 난다.

과학기술정보통신부의 2019년 인터넷 이용 실태 조사에 따르면 한국인의 81.2%가 동영상 서비스를 이용한다. 20대가 93.2%로 가장 높지만, 60대도 60.2%로 높은 이용률을 보인다. 50대는 77.7%로 평균치에 가까운 이용률을 보여 시니어가 앞으로 동영상 서비스를 더욱 활발하게 이용할 것임을 알 수 있다. 특히 동영상을 이용한 정보 검색이 37.6%로 포털의 84.4% 다음으로 나타나 단순히 흥미 차원으로만 접근하는 것이 아니라 지속적인 이용 가능성이 높다는 것을 알 수 있다.

동영상 서비스에서 단연 압도적인 것은 유튜브. 와이즈앱에 따르면 2020년 4월 한 달간 3만 3천 명의 안드로이드 스마트폰 사용자를 대상으로 조사한 결과, 50대 이상의 유튜브 사용 시간은 101억 분으로 2019년보다 2배 증가했

테크놀로지(Technology)

다. 이는 10~30대 사용자보다도 많은 것이다.

또한 와이즈앱이 조사한 바에 따르면 유튜브는 카카오톡과 네이버를 제치고 50대 이상이 가장 오랜 시간 사용하는 앱이라고 한다. 유튜브 시청을 넘어 직접 크리에이터로 나서는 시니어도 늘어나고 있다. 이제는 대중적 인지도가 높은 박막례 할머니는 2017년 Korea Grandma라는 채널을 개설해 뷰티 크리에이터로 출발했지만 요리, 일상 등 다양한 영역으로 범위를 넓히고 있다. 구독자 수가 100만 명을 넘었고 유튜브 CEO 수잔 보이치키가 한국에 와서 직접 격려하기도 했다.

이외에도 먹방 콘텐츠를 선보이고 있는 김영원 할머니, 신세대 노래 콘텐츠의 임봉녀 할머니, 손담비 노래로 유명한 '할담비 지병수 채널' 등 다양한 영역에서 시니어 크리에이터가 사랑받고 있다. 이에 따라 제2의 인생으로 유튜브 스타를 꿈꾸는 시니어가 늘고 있고, 이들을 위해 서울시50플러스재단과 LG유플러스는 '50+유튜브 스쿨'을 열어 영상 편집, 영상 효과, 운영 노하우 등의 강의와 1:1 멘토링을 진행하기도 했다.

정치권에서도 유튜브 활용이 늘고 있다. 정당은 물론 정치 관련 단체 및 논객들도 앞다투어 유튜브 채널을 열고 있다. 특히 보수진영에서 가장 최신 미디어라 할 수 있는 유튜브를 적극적으로 활용하는 것은 흥미로운 일이다. 역시 시니어가 유튜브에서 오랜 시간을 보내기 때문에 가능한 일이다.

유튜브 이용 시니어들의 특징 중 하나는 적극적인 공유 행동이다. 예를 들어 퇴행성관절염 관련 영상 공유 행동을 확인한 결과, 70%의 시니어가 공유 행동을 했다고 한다. 시니어에게 공유 행동은 존재감과 자존감을 세워주는 일이다. 커뮤니티 내에서 유용한 정보를 먼저 파악하고 알려주는 사람으로 인정받기를 원하기 때문이다. 앞서 일본의 조사에서 확인된 정보 수집과 인간관계의 선순환이라는 내용과 일맥상통한다.

쇼핑도 온라인을 많이 이용한다. 특히 온라인 쇼핑 건당 거래금액이 50~60대가 20~30대보다 높다. 또한 50대는 20~30대와 비교할 때 광고 노출에 대해서도 긍정적이다.[41] 50대는 TV광고를 보며 젊은 시절을 보낸 세대인 만큼 광고 노출에 거부감이 적기 때문인 듯하다. 이를 통해 기업 입장에서는 시니어가 마케팅 효율이 더 높은 집단이라는 것을 확인할 수 있다. 그럼에도 많은 기업들이 젊은 세대에게만 마케팅 노력을 집중하고 있는 것은 안타까운 일이다.

디지털 교육

2019년 산업연구원 조사에서 만약 100만 원이 생긴다면 시니어는 5만 5천 원을 정보통신기기에 지불할 의사가 있다고 했다. 주목할 점은 시니어 대부분이 스마트폰을 이미 갖고 있음에도 공돈이 생긴다면 정보통신기기에 투자할 의사가 있다는 것이다. 그것이 스마트 패드이든 무선 이어폰이든 IT에 관심을 갖고 있다는 증거라고 할 수 있다.

물론 일부 디지털 수용 능력의 차이는 존재한다. 특히 70대 이상 시니어는 일상생활에서 어려움을 겪고 있다. 햄버거 하나를 구입하거나 국수 한 그릇을 사 먹으려 해도 무인 키오스크 앞에서 쩔쩔매는 경우가 있다. 이런 시니어를 위한 디지털 교육이 필요하다. 생활에 필요한 IT사용법을 알기 쉽게 전달하고, 반복 교육을 통해 두려움을 없애주어야 한다. 공공기관에서 교육을 적극적으로 실시하는 것이 바람직하고 민간의 참여도 필요하다. 예를 들어 햄버거 가게에서도 정식 오픈 시간 30분 전에 시니어를 대상으로 기계 사용법을 교육하는 것도 좋은 방법이라 생각한다. 은행에서도 개점 전이나 폐점 후 시니어를 대상으로 모바일 뱅킹 등 은행 업무 교육을 실시한다면 호감도 얻고 업무 부담도 줄이는 효과가 있을 것이다. 하지만 단순히 기술 교육만으로는 부족하다. 디지털 리터러시 교육이 필요하다.

디지털 리터러시란 디지털 기술을 사용할 줄 아는 능력과 언제 어떻게 사용할지를 아는 능력을 말한다. 디지털 기술을 사용할 때 접하는 정보를 비판적으로 수용하는 능력, 타인을 존중하고 배려하는 자세 등이 포함된다. 쏟아지는 정보의 홍수 속에서 사실 파악을 제대로 하지 못해 잘못된 정보에 휘둘리는 것은 위험한 일이다. 또한 시니어가 자칫 나이만을 내세워 상대방에게 강요하거나, 과거의 경력을 바탕으로 고압적인 자세를 취한다면 빈축을 살 것이다. 이러한 배려 없음을 디지털 세상에서 표출한다면 소통을 위한 도구가 오히려 고립을 자초하는 결과를 빚게 된다. 시니어가 이런 어려움을 겪지 않도록 사회 전반에서 도움을 줄 필요가 있다.

시니어가 테크놀로지를 멀리하려 한다는 것은 편견이다. 그들은 속도는 느리더라도 신기술을 받아들이고 활용하려는 노력을 하고 있다. 특히 50~60대는 젊은이들과 큰 차이 없이 신기술에 관심을 보이고 있음을 앞서 여러 수치에서 확인할 수 있었다. 그들이 향후 디지털 격차로 고생하지 않도록 사회 전반에서 지속적인 도움을 주어야 한다.

50⁺ 스마트 시니어에 주목하라

50⁺

SMART SENIOR

>> 7 >>

무엇을 해야 할까?

지금까지 S.M.A.R.T(Sense, Money, Art, Re-Creation, Technology)라는 프리즘으로 시니어를 파악해보았다. 일반적인 편견과 달리 시니어는 이미 시장의 중심에 우뚝 서 있다. 그렇다면 기업들은 과연 시니어라는 이 거대한 타깃을 대상으로 무엇을 할 것인가? 우선 그들이 보여주고 있는 가능성의 신호를 파악해보자.

시간

시니어가 갖고 있는 가장 확실한 자원은 시간이다. 직장

무엇을 해야 할까?

생활이나 사업 등 경제활동에 전력할 때와는 비교할 수 없을 만큼 시간적 여유가 있다. 이것을 잘 활용하면 기업에는 많은 기회가 열릴 수 있다.

시간을 유연하게 사용할 수 있다는 점을 활용하면 새로운 비즈니스가 생길 수 있다. 직장인들의 점심시간은 대부분 12시에서 1시 사이다. 인기 있는 식당의 경우 그 시간대에는 자리조차 잡기가 어려울 정도지만 나머지 시간은 한산하다. 그 시간을 활용해서 'off peak lunch'를 개발한다면 추가 이익을 창출할 수 있다. 예를 들어 2시에 시작하는 런치의 가격을 20~30% 정도 할인한다면 시간 여유가 있는 시니어는 근사한 외식을 계획할 수 있다. 1시간 30분 정도로 시간 제한을 둔다면 저녁 손님맞이를 준비하는 데도 지장이 없을 것이다. 만족스러움을 경험한 시니어가 자녀들과의 저녁식사 장소로 추천한다면 더 큰 수익을 낼 수도 있다.

낮 시간도 황금시간으로 탈바꿈할 수 있다. 일본에서는 평일 낮에 노래방을 찾는 고객의 60%가 시니어라고 한다. 시니어의 평일 골프장 이용 증가로 내리막길이던 골프 산업이 다시 상승세로 돌아섰다는 이야기도 앞서 언급한 바 있다. 낮 시간에 한산한 모든 사업장이 시니어 유치를 고민할 필요가 있다. 공연 산업도 주말과 저녁 시간만 고집할 것이 아니라 낮 시간 활용을 생각해보아야 한다. 처음에는 주 1회로 시작했다가 반응을 보면서 점차 확대하는 방법도 좋을 것이다.

TV채널도 젊은 세대의 시청률에만 목매는 것은 바람직하지 않다. 상대적으로 시간 여유가 많고 인구도 많은 시니어에게 사랑받는 방법을 고민해야 한다. 그런 준비와 실천을 게을리하다가 경쟁 채널에게 당할 수도 있다. 내 주변의 시니어들은 EBS를 자주 시청한다. 마음을 차분하고 편안하게 해주고, 보고 나면 배우거나 남는 게 있으며, 프로그램 구성이 산만하지 않기 때문이다. 아마 EBS의 제작 예산 규모는 지상파 3사는 물론 종편채널에도 뒤질 것이다. 하지만 EBS는 많은 실험을 통해 노하우를 확보한 것으로 보인다. 만약 대형 방송사가 보유하고 있는 케이블 채널 중 하나를 시니어 타깃 전용으로 활용한다면 상당한 반응이 있을 것이라 생각한다.

또 다른 가능성은 시간 소비형 비즈니스다. 시니어는 무료한 시간이 괴롭다. 어떻게 시간을 보내야 할지 고민하는 경우도 많다. 라스베이거스 카지노에서도 상당수 시니어는 최저 베팅을 하면서 시간을 보낸다고 한다. 이들의 목적은 도박이 아니라 시간을 보내는 데 있다. 일본 파친코도 적은 돈을 가지고 비교적 오랜 시간을 보낼 수 있다는 점에서 비슷하다고 할 수 있다.

몇 년 전부터 시니어에게 당구가 유행이었다. 지불하는 돈에 비해 오랜 시간을 즐길 수 있고, 경기하는 동안 서 있는 시간이 많으며, 계속 머리를 써야 하므로 시니어에게 적당한 스포츠라는 말을 들었다. 당구장이 붐비고 사람이 많아지더니 프로리그가 생기고 TV중계가 이뤄지면서 인기 스포츠로 부상하는 선순환이 일어나고 있다.

게임 산업도 시니어 타깃을 공략하면 새로운 도약을 이룰 수 있으리라 생각한다. 게임은 이제 젊은이들만의 전유물이 아니다. 지하철에서 게임에 열중하는 시니어를 간혹 보게 된다. 아직은 다수라고 할 수는 없지만 조만간 시니어가 게임을 하는 모습이 더 이상 낯설지 않게 될 것이다. 더구나 두뇌 사용형 게임은 치매 예방에도 좋을 수 있다. 만약 시니어를 잘 이해하고 그들에게 적합한 게임을 개발하는 게임회사가 있다면 새로운 시장을 개척할 수 있다.

프로 스포츠도 시니어를 도약의 발판으로 삼을 수 있다. 아직까지 우리나라 프로 스포츠는 모기업 홍보의 도구로 인식되는 경향이 강하지만 사실 프로 스포츠 구단도 스스로 이익을 창출하는 비즈니스여야 한다.

미국 메이저리그 경기를 보면 시니어 관객이 많은 비중을 차지한다. 2016년 메이저리그 관중 평균 연령은 57세였다. 미국 젊은이들이 야구에 관심을 보이지 않는다고 걱정하는 시선도 있다고 하지만 반대로 생각하면 시간 여유가 있는 시니어 타깃을 경기장에 잘 끌어왔다고 할 수 있다. NFL(미식축구) 관중 평균 연령이 50세, NHL(아이스하키) 관중 평균 연령이 49세인 것을 보면 미국 프로 스포츠가 전반적으로 시니어 관중을 잘 모았다고 볼 수 있다. 가끔 접하게 되는 일본 프로야구나 프로축구에서도 시니어 관중이 꽤 많아 보인다.

그런데 한국 프로 스포츠는 시니어 관중을 잘 유치하고 있을까? 2017년 한국프로스포츠협회에서 조사한 바에 따르면 50대 이상 관중 비율은 프로축구 5.7%, 프로야구 4.8%에 불과하다. 축구는 10대가 32.6%로 1위, 야구는 20대가 37.6%로 1위다. 전반적으로 젊은 관중에 대한 의존도가 높다. 그러다 보니 주말 야구장에는 관중이 많지만 평일 경기에는 관중이 너무 적다. 시간 여유가 있는 시니어 관중이 평일 경기장을 찾도록 마케팅을 잘 펼친다면 새로운 시장을 개척할 수 있다. 평일 시니어 요금제, 평일 연간 회원권, 소속감을 고취할 기념품, 시니어 온라인 커뮤니티 구축 등 다양한 방법을 사용해 마케팅을 전개한다면 우리도 메이저리그나 일본 프로야구처럼 시니어 관중을 많이 유치할 수 있을 것이다.

스타벅스를 창업한 하워드 슐츠는 사람들에게는 가정과 직장이 아닌 제3의 장소가 필요하다는 사실을 깨닫고, 스타벅스를 제3의 장소라는 콘셉트로 창업했다. 그런데 시니어는 고정된 직장이 없는 경우가 많기 때문에 마음 붙일 공간이 더욱 필요하다.

여기에 착안한 것이 시카고의 시니어 커뮤니티 공간인 매더카페플러스(Mather Café Plus)이다.[42] 시니어의 단골가게라는 콘셉트로 고객을 55세 이상으로 한정했다. 이 카페가 사랑받는 이유는 다음과 같다. 첫째, 인테리어에 고령자 이미지가 없고, 젊은 사람들이 선호하는 디자인이다. 둘째, 시니어들의 자기계발을 돕기 위해 문화생활, 금융, 운동, 건강 등의 정보를 갖추어놓았다. 셋째, 식사 메뉴 가격이 비싸지 않고, 커피는 무료로 리필이 가능하다. 넷째, 어드밴티지 프로그램에 가입하면 약국이나 소매점에서 할인이나 혜택을 받을 수 있다. 다섯째, 젊은 종업원이 근무하면서 시니어에게 기분 좋은 고객 서비스를 제공한다. 우리나라에도 시니어를 위한 공간, 그들이 마음 편하게 접근할 수 있는 공간이 필요하다. 그런 공간이 있다면 시니어의 시간은 더욱 풍요로워질 것이다.

그외에도 시니어들의 시간 자원을 공략할 여지는 무궁무진하다. 시니어의 시간에 관심을 가지면 기업에 새로운 돌파구가 열릴 것이다.

건강

시니어에게 가장 큰 관심사는 건강이다. 건강 검진, 건강 기능식품 등에서 많은 기회가 있음은 앞에서 이야기했다. 거기에 덧붙여 평상시 생활에서도 건강과 관련한 많은 기회가 있다. 우선 식사와 관련해서 식당이나 식품업체에서 건강 증진형 식사 메뉴를 개발할 필요가 있다. 거창한 보양식이 아니라 늘 섭취하는 식사에 건강 증진형이라는 아이디어를 담는 것이다. 건강에 좋은 식재료로 인식되는 것을 첨가하거나 그런 식재료만으로 구성된 메뉴를 제시하면 좋다. 예를 들어 그냥 된장찌개가 아니라 건강버섯 된장찌개, 쌈밥이 아니라 유기농 야채 쌈밥과 같은 메뉴를 제시하면 2천~3천 원을 더 받을 수 있고, 그것이 바로 수익으로 연결될 수 있다. 또 부드러운 음식 전문 식당도 생각해볼 수 있다. 부드러운 음식이라면 죽만을 생각하기 쉽지만 두부처럼 부드럽고 소화하기 쉬운 음식들을 모아 식단을 구

50⁺ 스마트 시니어에 주목하라

성하면 시니어에게 좋은 반응을 얻을 수 있다.

시니어에게 적합한 운동을 제시할 수도 있다. 시니어가 무리 없이 할 수 있는 효과적인 표준 운동을 개발해 가르치는 헬스클럽을 운영하면 어떨까? 헬스클럽은 보통 오전 시간에는 주부들이 많이 이용하고, 저녁 시간에는 직장인이나 학생들로 붐빈다. 상대적으로 여유가 있는 오후 시간을 시니어 타임으로 활용해 표준 운동을 보급하고 운동 지도를 한다면 시니어에게 좋은 반응을 얻을 수 있을 것이다.

미국의 커브스(Curves)라는 세계 최대 피트니스클럽 체인점은 시니어 대상 마케팅에도 시사점을 주고 있다.[43] 이 피트니스클럽은 여성 전용으로, 고객의 평균 연령은 50세다. 20평 정도의 작은 공간에서 경쾌한 음악에 맞추어 30초마다 기계를 바꾸어가면서 운동을 하지만 1회 운동 시간은 30분으로 제한되어 있다.

커브스의 성공 요인은 5가지로 요약된다. 첫째, 여성 전용으로 남성의 눈을 의식하지 않고 운동할 수 있다. 둘째, 일반 피트니스클럽의 30% 가격으로 저렴하다. 수영장이나 샤워시설 등을 두지 않아 낮은 비용으로 운영이 가능하다. 셋째, 소그룹으로 운동을 하기 때문에 유대감이 생기고 고독감도 해소할 수 있다. 넷째, 운동 시간이 30분으로 제한되어 있어 가벼운 마음으로 시도할 수 있다. 다섯째, 매일 오가는 쇼핑센터 안에 위치해 접근성이 좋다. 이 사례를 볼 때, 시니어 전용 타임이나 공간을 만들어 커뮤니티를 형성해주고, 몸에 크게 부담이 되지 않는 운동을 제시하는 것이 필요함을 알 수 있다.

그외에도 시니어가 좋아하는 운동은 다양한데, 중요한 것은 그들을 커뮤니티로 묶어내는 일이다. 시니어는 소속감을 통해 안정감을 느낀다. 또한 커뮤니케이션 대상을 항상 원하기 때문에 커뮤니티를 단단하게 잘 구성하면 충성도가 매우 높은 고객이 될 수 있다.

건강 유지 활동에 필요한 패션도 사업 기회가 될 수 있다. 일본에서 겨울철에 수영복 매출이 늘어 조사해보니 수영장에서 걷기 운동을 하는 시니어가 많아졌기 때문이라고 한다. 관절에 부담이 적으면서도 운동 효과가 높다는 사실이 알려지면서 수영장을 찾는 시니어가 늘어난 것이다. 이렇게 새로운 판매 기회를 발굴할 수도 있고, 모든 운동 영역에서 시니어의 기호와 잠재된 니즈를 잘 찾아내서 히트 상품을 만들 수도 있다.

시니어의 관심사 중 하나는 노화 방지다. 지금은 식품, 화장품, 피트니스, 피부과 등에서 각기 다른 노화 방지 콘셉트를 내세우고 있지만 노화 방지에 관련된 모든 것을 상담하고 관리하는 항노화센터와 같은 비즈니스가 새롭게 부상할 수 있다.

건강에 대한 관심은 금융의 개념도 바꾸고 있다. 보험업은 문제가 발생하면 해결해주는 서비스에서 사고나 질병 리스크를 사전에 예방하는 개념을 더하고 있다. 걷는 만큼 보험료를 할인해주는 상품이 등장하는 등 위험보장과 건강 관리를 같이 해주는 방향으로 진화하고 있다. 이렇게 건강과 금융을 결합하는 시도들이 더 나타날 가능성이 높다.

여행

여행은 부가가치가 높은 산업이다. 여행 자체에 지불하는 돈도 규모가 크지만, 여행을 계기로 새 옷이나 가방을 장만하기도 하고 미용에도 신경을 쓴다. 여행 사진과 비디오를 잘 찍기 위해 새 스마트폰이나 디지털 카메라를 구입하기도 한다. 이 모든 것이 여행과 관련되어 지출하는 항목이다. 여행지에서도 쇼핑을 하거나 공연을 관람하는 등 추가적인 지출이 발생한다.

그럼 시니어의 여행에는 어떤 마케팅 기회가 있을까? 앞서 살펴보았듯이 항공사에서는 시니어 여행의 고급화에 관심을 기울여야 한다. 비즈니스 클래스나 프리미엄 이코노미 등 고급 서비스를 찾는 시니어 수요에 대비하는 노력이 필요하다. 그리고 고급화 측면에서, 또 패키지 여행의 장점과 자유여행의 장점을 결합하는 측면에서 여행 디자이너가 각광받을 수 있다. 조금 더 비용을 지불하더라도 숙박과 이동의 편리를 누리고 보다 많은 시간을 자유롭게 활용하고 싶은 욕구를 잘 살려 여행을 디자인해주고 모든 예약을 대행해주는 비즈니스가 부각될 수 있다.

여행과 결합된 시니어 커뮤니티도 주목할 대상이다. 일본의 클럽 투어리즘처럼 시니어의 최고 관심사인 여행과 커뮤니티 소속감 모두를 만족시킬 수 있는 강력한 커뮤니티가 한국에도 등장한다면 시니어 마케팅 플랫폼으로 위력을 발휘할 수 있다. 과연 누가 앞서 나갈지 궁금하다.

여행에서도 재미와 배움을 동시에 추구하는 시니어가 늘

고 있다. 단순한 관광이 아니라 뭔가를 배우는 여행을 다양하게 설계하고 본격적으로 마케팅을 하는 회사가 등장한다면 좋을 것이다. 그 주체는 기존의 여행업계일 수도 있지만, 교육에서 출발한 기업 또는 많은 콘텐츠를 가진 언론사가 될 수도 있다. 누구든지 시장을 선점하는 것이 중요하다.

시니어의 특성을 감안할 때 생태 환경, 건강, 관광의 결합에서 다양한 가능성이 나올 수 있다. 21세기 관광 패러다임은 '힐링 투어리즘(healing tourism)'이라고 한다. 자연환경을 즐기며 건강한 식사를 하고, 명상을 할 수 있는 힐링 투어가 인기를 끌 것이다. 지금은 템플스테이 정도지만 더 다양한 시설에서 다양한 상품을 만들면 시니어의 호응을 기대할 수 있다. 또 시니어가 호감을 느끼는 한의학과 관광을 결합한 상품도 인기를 끌 수 있다. 한방 사우나, 지압, 침, 뜸 등의 한의학 서비스를 자연경관이 수려한 곳에서 받을 수 있다면 효도 상품으로도 인기를 끌 수 있다고 본다.

농촌의 가능성도 있다. 생태 농업의 현장을 경험하고, 지역 특산물로 만든 식사를 즐기며, 지역의 명소를 방문하는 체류형 관광 상품도 기대된다. 이미 한 달 살기, 보름 살기 등의 프로그램을 운영하는 곳들도 있다. 거기에 시니어를 위한 배려를 잘 결합한다면 좋은 관광 상품이 되리라 생각한다.

앞서 말한 많은 가능성에서 주목할 점은 지방자치단체의 노력이다. 지방 소멸의 가능성이 꾸준히 거론되고 있다. 극심한 지역 불균형은 반드시 해소되어야 하고, 지방이 더욱 발전해야만 한다는 것은 당연한 명제다. 하지만 제대로 실현되려면 오랜 시간이 필요하다. 그 시간 격차를 메우기 위해서라도 지방자치단체의 적극적인 마케팅이 필요하다. 지역의 자원을 최대한 활용할 수 있는 방법 중 하나가 관광 활성화다. 지방자치단체는 하나의 기업이라는 생각으로, 단체장은 그 기업의 CEO라는 각오로 관광 활성화를 위해 노력해야 한다. 기업이라고 생각하면 예산도 허투루 사용하지 않을 것이다.

지방에 가보면 차가 거의 다니지 않는 신설 도로도 있다. 불요불급한 토건 위주의 사업을 지양해 예산을 절감하고, 그 예산을 활용해 관광 활성화를 위한 효율적인 아이디어에 사용하도록 노력해야 한다. 산천어 축제, 머드 축제 등 일부 성공 사례에 경도되어 모든 지방자치단체가 천편일률적으로 축제 개최만 생각해서는 안 된다. 겉치레보다는 실질적으로 시니어 고객을 유치할 수 있는 내실 있는 정책이 필요하다.

대행

시니어가 모든 일을 직접 처리하는 것은 아무래도 힘에 부친다. 그리고 효율적이지도 않다. 따라서 각종 대행업이 성행할 것이다.

우선, 찾아가는 서비스 또는 찾아가는 것에 버금가는 원격 서비스가 있다. 예를 들어, 시니어가 아무리 컴퓨터에 익숙하다고 하더라도 고장까지 자유롭게 컨트롤하기는 어렵다. 고장이 아니더라도 새로운 사용법을 배우는 데도 어려움이 있다. 미국에는 시니어를 위한 디지털 기술 지원 서비스 업체인 플로클럽(FloH Club)이 있다.[44] 플로클럽은 원로 영화배우인 플로렌스 헨더슨의 아이디어에서 시작되었다. 스마트폰에서 이메일을 보내는 게 힘들었던 그녀는 디지털 기기를 자유롭게 쓰는 삶을 제공하는 사업을 구상했다. 플로클럽은 한 달에 24.99달러를 지불한 시니어 회원에게 컴퓨터 전문가를 전화로 연결해주는 서비스를 제공하고 있다. 페이스북 계정 만들기, 프린터 연결하기, 인터넷 쇼핑까지 상세하고 친절한 안내를 받을 수 있다. 여기에 원격 컴퓨터 관리 서비스와 모니터에 띄워서 볼 수 있는 설명서도 제공한다. 우리나라에서도 시니어를 대상으로 이런 서비스를 제공한다면 반응이 좋을 것이다. 어려움을 겪고 있는 용산 등 전자상가 점포들도 이런 서비스로 새로운 활로를 모색할 수 있다고 생각한다.

미국에는 '허슬 프리(Hustle-Free)'라는 말이 있다. 자신이 해야 할 귀찮은 일에서 해방시켜주는 것을 의미한다. 이런 어려움을 해결해주는 일로 성공한 업체로는 '미스터핸디맨'이 있다. 간단한 집수리 등 주로 시니어가 하기 힘든 집안일을 대신해주는 서비스를 제공한다. 시니어의 증가, 특히 독신 시니어 여성의 증가에서 착안했는데, 미국과 캐나다에서 90개가 넘는 프랜차이즈를 운영하는 등 큰 성공을 거두었다. 미스터핸디맨의 성공 요인은 다음과 같다.[45] 첫째, 전용 밴에 공구와 재료를 싣고 다니며 간단한 작업을 대행해준다. 둘째, 데이터베이스를 활용해 지역별 의뢰 내용을 분석해 비슷한 경우에 대비하는 태세를 갖추었다. 셋째, 질 높은 작업 서비스와 투명한 요금을 제공했다. 넷째, 유니폼을 도입해 체계적인 품질 관리 이미지를 심었다. 다섯째, 친절한 상담 서비스를 제공해 단골 고객을 유치했다.

우리나라에는 아직 동네 전파상이나 수리센터 같은 곳만 존재하지만, 브랜드화·서비스 표준화 등을 실시한다면 전국적인 성공 가능성이 있다고 생각한다.

그럼 지역 업체들은 어떻게 해야 하는가? 일본의 도쿄 인근에 있는 마치다시에는 '덴카의 야마구치'라는 가전 판매업체가 있다.[46] 대형 판매점이 아닌데도 치열한 경쟁을 이겨내며 매년 매출이 증가하고 있다. 전자제품에 문제가 발생하면 즉시 고객을 방문해서 문제를 해결해준다. 전자제품 문제만이 아니라 손님이 부탁한 편지를 우체통에 넣어주거나 심지어 고객이 입원했을 때, 애완견 사료를 한 달간 챙겨주기도 했다. 고객의 요구라면 무엇이든 들어줄 것, 고객의 가려운 곳을 긁어줄 것, 고객의 즐거운 쇼핑을 도와드릴 것이라는 모토를 가지고 전구 하나라도 배달해주고, 에어컨 필터나 정수기 카트리지 교환 시기도 미리 알려주고 조치해준다. 시니어 고객들의 만족도가 특별히 높을 수밖에 없다. 이 사례에서 보듯이 지역에서 최대한 밀착 서비스를 제공하는 기업에게는 또 다른 성공 기회가 존재한다.

이외에도 시니어가 일상 생활에서 느낄 수 있는 불편함을 찾아보면 대행 서비스의 가능성이 많이 열릴 것이다. 지금도 벌초 대행 서비스가 있지만 연령이 아주 높은 시니어의 경우 가족의 묘소를 정기적으로 방문하기가 쉽지 않다. 정기적으로 묘소를 방문해 헌화와 청소 등 관리 서비스를 제공하고 사진이나 영상으로 결과를 보고하는 비즈니스도 필요할 것이다. 거액 자산가의 경우 세금 등의 문제를 해결하기 위해 세무사나 회계사의 손을 빌리겠지만 중산층의 경우 비용이 부담스러울 수 있다. 이런 고객들을 모아서 보다 저렴한 가격에 간편하고 표준화된 방법으로 서비스를 제공한다면 이용객을 많이 늘릴 수 있을 것이다.

가사 대행 서비스도 주목할 분야다. 시니어의 체력 저하로 인한 수요도 있을 것이고, 가사노동에서 해방되어 남은 시간을 의미 있게 보내려는 욕구도 있을 것이다. 시니어의 기호에 맞게 다양한 상품으로 가사 대행 서비스를 제공한다면 지금보다 더 큰 사업 기회가 있을 것이다. 그외에도 시니어의 눈으로 바라보면 그동안 생각하지 못했던 대행 서비스의 새로운 장르를 발견할 수 있다.

주거

시니어의 니즈에 부합하는 주거 형태에 대한 고민이 계속될 것이다. 일본에서는 단카이 세대가 부모 세대를 보살 피는 일을 두고 고민하다가 부모가 줄 유산을 모두 부모에게 쓰자고 결심하면서 유료 양로원을 선택하는 경향이 많아졌다고 한다. 며느리나 자녀의 일방적인 희생으로 봉양하기보다 자식이나 부모 모두 합리적인 결정을 내리고 있다.

시니어 주거단지로 세계에서 가장 유명한 곳은 아마 미국의 선시티일 것이다. 1950년대 후반 건축회사 사장 델버트 웨브(Delbert Webb)가 활기찬 은퇴자 공동체를 꿈꾸며 기획했다. 애리조나주 피닉스시 인근 사막지대를 개발해 1960년에 첫 분양했고, 10년도 되지 않아 4만 명이 거주하는 도시로 발전했다. 여의도의 11배에 달하는 면적에 골프장 11개, 도서관 2개, 교회 30개, 쇼핑센터 16개, 병원까지 갖춘 거대 도시다. 입주 자격은 가족 중 적어도 1명이 55세 이상이어야 하는데, 상주인구 평균 연령은 73세다. 골프 카트를 승용차처럼 이용하는 경우가 많고, 교통 지원과 식사 배달 서비스도 하고 있다. 7개의 레크리에이션 센터에서 다양한 스포츠와 취미 강좌를 들을 수 있으며, 애리조나주립대학에서 운영하는 성인 교육 프로그램에 참가해 배움의 욕구도 충족할 수 있다. 장애나 질병으로 수발이 필요한 사람을 위해 보호 서비스와 요양시설도 갖추고 있다. 선시티가 큰 성공을 거두자 미국 내 15곳에 유사한 단지가 만

들어졌다고 한다.

자연 조건, 땅값 등 여러 면에서 우리나라와 비교하기는 어렵지만 우리나라에서도 비슷한 시도가 이루어지리라 생각한다. 시니어타운도 도심형과 교외형, 자연친화형 등 다양한 형태가 있다. 삼성노블카운티나 더클래식 500과 같은 초고가 시설에서 비교적 낮은 가격까지 다양한 가격대가 있지만 선시티와 같은 대규모 단지도 나타날 수 있다. 요즘 '지방 소멸'이라는 섬뜩한 우려들이 이야기되고 있다. 남부 지방에는 겨울에도 비교적 덜 추운 곳들이 있다. 땅값이 상대적으로 저렴한 장점을 이용하여 대규모 단지를 조성하고, 직접 골프장을 조성하거나 주변 골프장과 협약을 맺어 시니어들이 비교적 저렴하게 즐길 수 있도록 하고, 지역 대학에서 다양한 교육 프로그램을 제공한다면 지역 경제 활성화에도 도움이 될 것이다. 선시티 수준까지는 어렵더라도 레크리에이션 센터를 제대로 만들어 다양한 스포츠와 취미활동을 제공하고, 돌봄 서비스, 식사 서비스, 요양 서비스 등을 잘 구성한다면 시니어의 호응을 기대할 수 있다. 게스트하우스 시설을 제대로 만들어 가족이 방문하는 데 어려움이 없도록 하고, 주변 관광지를 활용한다면 지역 관

무엇을 해야 할까?

광 활성화의 효과도 누릴 수 있을 것이다. 이런 대규모 실험이 성공하려면 중앙 정부에서 시니어 문제에 대해 깊이 인식하고 적극적인 지원을 해야 한다.

일본에는 치매 증상이 있거나 장애로 어려움을 겪는 고령자가 전문 스태프의 도움을 받으며 공동 생활하는 '그룹홈'이 상당히 많다고 한다. 우리나라에서도 이런 형태의 시도가 나타날 것이다. 시니어가 공동 생활을 하게 되면 고독감도 줄고, 커뮤니케이션이 많아져 인지 능력에도 도움이 되며, 서로 돕는 가운데 유대감이 높아지는 등 다양한 장점이 있다. 이미 노령 인구가 많은 농촌 지역의 경우 마을회관이 실질적인 그룹홈의 역할을 하는 곳이 많다고 한다. 잠은 각자 집에서 자고, 모여서 식사를 하고 오락을 즐기며 시간을 함께 보내는 형태다. 비용 부담과 운영 원칙 같은 문제를 해결한 후 마을회관을 개조하거나 증축하여 숙박이 가능하도록 한다면 농촌의 독거 고령자 문제를 해결하는 데 도움이 될 수 있다.

이외에도 자기 집에서 살면서 다양한 지원 서비스를 받을 수 있는 주거 방식을 모색할 수도 있다. 욕구와 경제력이 다양한 만큼 모두가 만족하는 하나의 방식은 불가능하다. 더욱 다양하고 적극적인 실험이 일어나고 장려될 때, 시니어가 자신의 상황에 맞는 방식을 택할 수 있고, 그런 실험 속에서 많은 비즈니스 기회가 창출될 것이다.

금융

돈은 시니어에게 있어 가장 중요한 관심사다. 건강, 인간 관계 등 삶의 질을 보장하는 필요조건이기도 하다. 그래서 금융은 중요하다.

시니어는 가지고 있는 것을 지키려는 성향이 강하기 때문에 보수적으로 자금을 운용한다. 그리고 신뢰할 수 있는 대상을 찾기 때문에 한 번 좋은 관계를 맺으면 지속될 가능성이 높다. 따라서 금융사들은 시니어가 직장생활을 하는 중년 시절부터 관계를 잘 맺고 신뢰를 쌓는 것이 중요하다. 그런데 대부분의 금융사들은 고액 자산가 위주로만 관리하려는 경향이 강하다. 물론 수익의 상당부분이 고액 자산가에게서 나오는 것이겠지만 앞으로 시니어 시장이 매우 두터워질 것을 생각한다면 전반적으로 시니어 친화적인 이미지를 구축할 필요가 있다. 그런데 자사의 퇴직연금에 가입한 40~50대 고객들을 대상으로 정기적인 연락과 상담을 하는 금융사는 별로 없는 것 같다. 2018년 기준 퇴직연금 적립금 규모가 190조 원에 달하고 그중 상당 부분이 시니어의 적립금일 텐데, 이렇게 기본적인 신뢰를 쌓는 노력도 제대로 하지 않으면서 시니어 친화적인 이미지를 바라거나 시니어 시장의 강자가 되겠다는 것은 어불성설이다.

더구나 요즘은 과거처럼 업종 구분이 뚜렷하지 않아 기존의 금융사가 아닌 곳들도 금융업으로 진출하고 있다. 카카오뱅크, 토스증권 등이 대표적인 사례다. 상대적으로 비용이 적게 들고 진입 장벽이 낮은 투자 자문업의 경우는 다른 업종 기업의 진출이 많아질 수 있다. 일본의 경우 정보 제공 사이트인 '올어바웃'이 '올어바웃 파이낸셜 서비스'를 설립하여 각종 금융 서비스를 제공하고 있고, 시니어 고객 개개인에 맞는 금융상품을 찾아주는 비즈니스를 실행하고 있다.[47] 시니어 고객 스스로가 많은 금융상품 가운데 최적의 상품을 고르기가 어렵기 때문에 추천 서비스의 가능성이 높고, 더구나 IT기술과 결합할 경우 신뢰도가 더욱 높아질 수 있다. 또 앞서 언급했던 '시니어 마케팅 플랫폼'이 현실화될 경우, 그곳에서도 금융상품 추천 서비스가 활발하게 이뤄질 수 있다. 당장은 여러 가지 규제로 어려움이 있겠지만 국력에 비해 낙후된 금융산업을 발전시키기 위해 기존 금융사에 유리하게 작용했던 빗장을 푼다면 참신한 상품들이 선보이게 되고, 기존 금융사들은 자극을 받을 수 있다.

또 하나는 포트폴리오 점검과 재조정을 통한 컨설팅 서비스를 주목해볼 필요가 있다. 요즘 보험 가입 내역을 점검하고 재조정해주는 방송 프로그램이 유행하면서 보험 구조조정에 대한 인식이 강화되었다. 우리나라 시니어는 지나치게 부동산 중심의 자산 구조를 가지고 있다. 자산 유동화를 통해 고정 수입을 확보하거나 금융자산으로의 변화, 금융자산의 종류 변화 등 다양한 포트폴리오 전략을 구사할 필요가 있다. 이런 서비스를 개발하고 적극적인 마케팅으로 시니어 금융의 강자 이미지를 확보한다면 고객 기반을 넓힐 수 있을 것이다.

이런 과정에서 금융 교육도 좋은 마케팅 수단이 될 수 있다. 시니어는 불안감이 많다. 시니어를 향해 가는 중년들도 마찬가지다. 하지만 어떻게 되겠지 하는 막연한 생각에 구체적인 행동으로 옮기지 못하고 시간만 보내는 경우가 많다. 아무리 늦어도 40세부터는 금융 교육을 받고, 자신의 미래를 설계해 나가도록 유도하는 것이 국가와 개인 모두를 위해 필요하다. 이렇게 중요한 금융 교육을 앞장서서 붐을 일으키고 캠페인을 전개하는 금융사가 시니어와 좋은 관계를 맺을 가능성이 높다. 더불어 모바일 뱅킹 등 디지털 기술에 익숙하지 않은 시니어들에게 디지털 뱅킹 교육을 실시하는 것도 시니어와 접촉면을 넓히는 데 좋은 방안이 될 것이다.

안전

안전은 시니어에게 필수요소다. 한 번 다치면 회복이 쉽지 않고, 혼자 사는 경우에는 위급한 순간에 대처하기도 어렵다. 그래서 시니어의 안전을 케어하는 산업이 발전할 가능성이 높다. 일본의 오사카가스 시큐리티는 '오마모리콜'이라는 서비스를 개발하여 시니어나 그들의 자녀로부터 큰 호응을 얻고 있다.[48] 그들의 성공 비결은 다음과 같다.

첫째, 건강 상태가 나빠졌을 때, 비상 버튼을 누르면 바로 상담실로 접수되고 통화가 가능하다. 필요하면 직원이 직접 방문한다. 둘째, 간호사 등 상담원을 통해 건강 상담과 건강에 관련된 생활 상담을 24시간 받을 수 있다. 셋째, 주 1회 시니어 고객에게 전화를 걸어 안부 및 생활 상태를 확인한다. 우리나라에서도 이와 같은 형태의 서비스가 활성화될 것이다. 통신사는 물론 한전, 가스회사, 가전 렌털 서비스 등 다양한 회사에서 비슷한 서비스를 선보인다면 결국 초기에 시장을 선점하는 회사가 승자가 될 것이다.

주택 안전 리모델링 사업도 활성화될 것으로 예상한다. 나는 최근 부상을 당해서 휠체어와 목발을 이용한 적이 있다. 병원에 입원했을 때에는 화장실 등에 안전 손잡이가 설치되어 편리했는데, 집에 있는 화장실에는 안전 손잡이가 없어 불편했다. 시니어는 한번 미끄러지거나 다치면 회복이 쉽지 않고, 거동하기도 어렵다. 고령의 시니어는 더욱 그렇다. 화장실, 욕조, 베란다 등에 안전 손잡이를 장착하면 보다 안전하게 생활할 수 있다. 나아가 문턱과 단차를 없애는 공사까지 한다면 걸려 넘어지는 사고도 예방할 수 있다. 이런 안전 리모델링 사업을 활발하게 펼치는 인테리어 회사가 조만간 나타날 것으로 생각한다.

안전과 관련해서 주목해볼 것은 유니버설 디자인 개념이다. 1999년 몬트리올에서 열린 제4회 고령자국제회의에서 '몬트리올 선언'이 채택되었다. 거기에 '고령자가 다양한 환경에 접근할 수 있도록 하기 위해 유니버설 디자인이라는 개념을 도입한다'는 내용이 들어 있다. 유니버설 디자인의 제창자인 론 메이스는 유니버설 디자인을 '성별, 연령, 장애의 유무 등과 상관없이 누구나 손쉽게 쓸 수 있는 디자인'으로 정의하고 다음과 같은 7가지 원칙을 제시했다.[49] 첫째, 누구나 공평하게 이용할 수 있어야 한다. 둘째, 자유롭게 사용할 수 있어야 한다. 셋째, 사용법이 간단해 즉시 알 수 있어야 한다. 넷째, 필요한 정보를 바로 이해할 수 있어야 한다. 다섯째, 실수를 유발하거나 위험하지 않은 디자인이어야 한다. 여섯째, 무리한 자세를 취하지 않고, 적은 힘으로도 쉽게 사용할 수 있어야 한다. 일곱째, 접근과 사용이 용이한 공간과 크기를 확보해야 한다. 이런 원칙들은 누구보다 시니어에게 꼭 필요한 것들이다. 상대적으로 힘이 부족하고, 복잡한 것을 이해하기가 어려우며, 실수도 잦은 시니어가 편리하고 안전하게 이용할 수 있도록 하는 유니버설 디자인의 사상이 사회 곳곳에 스며든다면 시니어가 더욱 살기 좋은 세상이 될 것이다.

그런데 시니어에게 좋은 것은 시니어만이 아니라 젊은이들에게도 좋은 것이다. 예를 들어 욕실에 안전 손잡이가 설치되면 시니어는 물론 어린이와 거동이 불편한 젊은이들도 편리하게 이용할 수 있다. 전동자전거도 당초 고령자용으로 생각했는데, 젊은이들에게도 많은 호응을 얻었다. 그러니 젊은이용으로 개발한 제품을 손봐서 시니어용으로 출시하는 것이 아니라 시니어가 좋아하는 제품은 젊은이들도 편리하게 이용하고 선호한다는 발상의 전환이 필요하다.

도우미(helper)

시니어의 어려움을 도와주는 비즈니스가 성행할 것이다. 그런데 앞으로 인구 감소 추세, 특히 젊은 노동인구가 줄어드는 추세를 감안하면 젊은이들이 시니어를 케어하는 것은 쉽지 않고 사회 전체적으로도 비효율적인 일일 것이다. 여기서 주목해볼 것이 바로 로봇의 가능성이다. 이미 다양한 종류의 로봇이 등장하고 있는데, 시니어 전용으로 로봇을 개발하여 보급한다면 호응이 클 것이다. 간호 지원 로봇, 보행이나 근력 지원 로봇 등 의료와 관련된 로봇들이 우선 각광받을 것이다. 나아가 일상생활에서 시니어를 지원하는 로봇도 필요하다. 실내에서 다양한 심부름을 하는 기능도 중요하지만, 커뮤니케이션이 가능한지가 매우 중요하다. 특히 혼자 사는 시니어는 대화 상대가 없어 외로움을 느끼고, 이에 따라 건강도 더욱 악화되는 경향이 있는데 로봇이 대화 상대가 될 수 있다면 여러모로 긍정적인 효과를 기대할 수 있을 것이다. 이미 AI스피커가 대화 상대의 역할을 일부 하고 있기 때문에 적절한 가격의 보급형 로봇이 개발된다면 수요가 상당히 있을 것이라 생각한다. 더 발전한다면 심리적 도움과 치유 기능을 가진 로봇, 교육과 엔터테인먼트 기능을 탑재한 로봇 등 다양한 방면으로 확장될 수 있을 것이다.

또 하나는 반려동물 산업이다. 자녀들이 성장하여 학업이나 결혼 등의 이유로 집을 떠나게 되면 부부만 남아서 적적한 경우가 많다. 주변에서 반려동물을 키우며 생활의 활력을 얻고 정서적 위안을 받는 경우를 많이 보게 된다. 따라서 반려동물 산업도 시니어 대상 마케팅에서 중요한 부분을 차지할 것이다. 더구나 경제력을 갖춘 시니어의 경우는 마치 자녀에게 쏟았던 정성처럼 반려동물을 대하기 때문에 지갑이 통 크게 열릴 가능성이 높다. 반려동물의 건강, 식사, 패션, 운동 등 모든 영역에서 지금보다 시장 규모가 커질 것이다.

물론 사람 손을 빌리는 경우도 여전히 존재한다. 특히 고령자는 힘든 가사노동을 하기 어렵고, 자식들에게 부담을 주는 것을 꺼리기 때문에 가사 도우미에게 의존하는 비율이 높아질 것이다. 또한 앞서 살펴본 것처럼 다양한 대행 서비스를 활용하면서 크고 작은 문제를 해결하며 삶의 질을 높이려는 경향도 강해질 것이다.

교육

시니어는 무언가를 배우며 삶의 의미를 더하려는 욕구를

가지고 있다. 더불어 누군가를 가르치고 싶은 욕구도 있다. 시니어는 오랫동안 일을 한 경험과 인생 경험을 통해 어떤 분야이든 '누군가를 가르칠 수 있는 재능'을 보유하고 있다. 만약 적절한 기회만 주어진다면 가르치는 분야에서 의외의 재능을 발휘하는 시니어가 늘어날 수 있다. 기본적으로 누군가를 가르치는 일은 삶의 의욕을 불러일으킨다. 그 과정을 통해 자존감과 자신감을 갖게 되고, 커뮤니케이션 대상이 늘어나는 긍정적인 효과를 기대할 수 있다. 덧붙여 적은 금액이라도 수입으로 이어진다면 금상첨화다. 따라서 가르치고 싶은 사람과 배우고 싶은 사람을 연결해주는 일에 비즈니스 기회가 있을 것이다. 사람과 사람만이 아니라 사람과 기업 또는 집단도 연결의 대상이 된다. 이런 연결을 담당하는 플랫폼이 탄생하고 가입자가 늘어난다면 또 다른 '시니어 마케팅 플랫폼'의 역할을 하게 될 것이다.

지금까지 시니어 대상 마케팅의 성장 가능성을 살펴보았다. 이외에도 미처 생각하지 못한 가능성이 많이 있을 것이다. 이런 가능성을 찾아보는 것은 우리에게 어떤 의미가 있는 것일까?

2016년 다보스포럼에서 내놓은 직업의 미래 보고서는 4차 산업혁명으로 2020년까지 선진국에서만 710만 개의 일자리가 감소할 것이라고 예측했다. 기술의 성장, 특히 자동화로 인해 인간을 고용할 필요가 점점 줄고 있다. 또한 디지털 테크놀로지의 발달로 인력 수요는 줄고, 고용 불안에 시달리는 비정규직 인구는 더욱 증가할 것이다. 이제 최상위권 인력을 제외하고 중간 수준의 인력이 할 일은 기계가 대신하는 경우가 더 많아지고, 양극화는 더 심해질 것이다. 암울한 시대상이다. 하지만 모두가 좌절만 한다면 돌파구를 찾을 수 없다.

초고령 사회가 되고 시니어가 증가하는 것도 부정적으로만 생각하면 해법을 찾을 수 없다. 저출산 문제는 당연히 함께 풀어야 할 숙제다. 하지만 시니어가 저출산으로 인한 시장 축소를 방지하는 역할을 한다면 어떨까? 시니어에게 필요한 제품과 서비스로 경제가 활성화되고 젊은이에게 취업의 기회가 제공된다고 생각하면 어떨까? 시니어는 젊은이를 돕고, 젊은이는 시니어를 돕는 사회적 상부상조가 구체화, 제도화된다면? 긍정적인 관점에서 인구구조 변화에 따른 사회구조 변화를 디자인하는 큰 설계가 필요하다.

무엇을 해야 할까?

부정을 긍정으로, 가능성을 현실로, 기회를 사업으로 만드는 것은 결국 사람이다. 더 정확히 얘기하자면 사람의 관점이다. 지금 시니어 대상 마케팅은 새로운 관점, 발상의 전환을 요구하고 있다.

50+ 스마트 시니어에 주목하라

50+
SMART SENIOR

>> **8** >>

어떻게 접근할까?

다르게 말하자

시니어에게는 말을 건네는 법부터 달라야 한다. 예를 들어 직설적으로 고령자용, 노인용이라고 말하는 순간 외면당한다. 용어 사용에서부터 주의를 기울여야 한다. 미국에서는 만 50세가 넘으면 PGA 시니어 투어에 나설 수 있다. 2020년부터 최경주 선수는 시니어 투어에도 출전하고 있다. 그런데 시니어 투어의 공식 명칭은 챔피언스 투어다. 시니어를 대접해주는 느낌이 확실히 든다. 돋보기 안경이라고 하면 올드한 느낌이 물씬 들지만 리딩글래스라고 하면 세련된 느낌이 든다. 이렇게 존중과 배려가 담긴 용어를 쓰는 것이 좋다. 미국의 드러그스토어들은 실버코너라는 명칭으로 고령자 케어코너를 따로 마련했지만 반응이 신통치 않았다. 그러다가 가정에서 케어를 한다는 개념인 '홈헬스케어'로 코너명을 바꾸고 나서야 성공을 거둘 수 있었다.[50] 결국 젊은 사람들도 자연스럽게 접근할 수 있는 분위기를 만들어야 하고, 노인들만 사용한다는 이미지를 풍기면 성공하기 어렵다는 것을 알 수 있다.

앞서 말한 일본 시니어 전문지들이 폐간한 사례를 떠올려보자. 시니어는 건강을 중시하지만 지나치게 건강에만 신경 쓰는 모습은 보이고 싶어 하지 않는다. 이렇게 작은 디테일이 비즈니스의 성패를 가른다.

그래서 시니어를 표현하는 단어나 문장은 되도록 긍정적으로, 행복을 느끼게 하는 표현을 사용해야 한다. 예를 들어 관절염 관련 광고를 할 때 "관절이 망가지면 당신의 모든 생활이 망가집니다"라고 말하면 불안감을 증폭할 뿐이다. "관절이 튼튼해지면 새로운 생활이 열립니다"라고 긍정적인 방향으로 얘기하는 것이 좋다. 실제 사례도 있다.[51] 콜레스테롤 증가를 억제하는 약을 판매하는 회사에서 "콜레스테롤이 많을 경우, 미국인의 사망 원인 1위인 심장병에 걸릴 확률이 높다"는 위협조의 광고를 했다. 결국 소비자의 반감을 사서 팔리지 않았다. 그런데 같은 효능을 가진 리피톨이라는 약이 있는데 복용 경험자가 출연해 "이 약 덕분에 높았던 콜레스테롤 수치가 내려갔습니다. 매일 테니스를 즐기며 쾌적한 생활을 하고 있습니다"라는 긍정적인 내용을 전달했다. 이 광고가 좋은 반응을 얻어 리피톨은 히트상품이 되었다. 이렇게 긍정적으로 표현할 때 시니어의 사랑을 받을 수 있다. 시니어가 갖고 있는 불안을 줄이고 즐거움을 늘리는 느낌으로 표현하는 것이 바람직하다.

그리고 기왕이면 멋스럽게 말해야 한다. 일본 오키나와는 항상 가고 싶은 관광지로는 상위권이었지만 이동과 비용의 부담 때문에 실제 방문객은 기대에 미치지 못했다. 이에 오키나와는 2011년부터 관광 캠페인을 전개했고, 2013년에 최고 관광 매출액을 달성했다. 캠페인 타이틀은 '어른 두 사람의 여행'이었다. 부부 여행이 아니라 어른 두 사람의 여행이라니 왠지 더 근사한 느낌을 준다. 과거 연애하던 시절로 돌아가는 느낌도 든다. 자녀를 모두 키우고, 큰 숙제를 마친 해방감과 새로운 삶에 대한 기대와 의지를 담은 여행이 그려지는 멋진 문구다.

또 시니어는 인정받고 싶은 욕구가 강하다. 사회생활을 오래하면서 대우를 받았기 때문에 그런 자신을 계속 인정해주기를 바란다. 특히 사회생활에서 높은 지위를 누렸던 사람, 학식이 높은 사람은 그런 욕구가 더 강하다. 프리미엄 시장에서는 그런 심리를 잘 헤아려야 한다. 그들은 자신이 가치 있는 존재로 비치기를 원한다. 성공적으로 인생을 개척해온 사람으로서 젊은이들에게 훌륭한 본보기가 된다는 이미지를 표현하면 시니어에게 좋은 반응을 얻을 수 있다. 또 시니어는 사회에 기여하고 싶은 욕구가 있다. 치열한 경쟁 속에서 주위를 돌아볼 정신적 여유가 없었던 현역 시절과 달리 이제는 뭔가 사회에 의미 있는 일을 하고 싶은 욕구가 있다. 따라서 제품이나 서비스 구입이 사회적으로 좋은 일과 연결된다는 메시지에 반응할 가능성이 높다.

'인생의 마무리' 같은 표현은 피하는 것이 좋다. 객관적으로 생각할 때, 청년기처럼 '이제 시작'이라고 말할 수는 없다. 하지만 안 그래도 나이에 민감한데, 굳이 그것을 상기시켜 기분을 상하게 할 이유는 없다. 더구나 앞으로 그들에게 얼마나 많은 시간이 남아 있는지도 모르는 상황이다. 또 어떻게 쓰는가에 따라 시간의 가치도 달라진다. 따라서

'마무리'라는 식의 표현은 반드시 피해야 한다.

또 주의해야 할 사항은 행동을 강요하는 식의 표현이다. '무엇을 해야 한다', '무엇을 하면 안 된다'는 식의 단정적인 표현으로 행동을 강요하는 느낌을 주면 '네가 뭔데 나에게 하라, 하지 마라야?'라는 반감을 불러일으킬 수 있다. 자신만의 인생 경험으로 뚜렷한 판단 기준을 갖고 있는 시니어는 기분이 상할 수 있다. 하지만 신뢰할 수 있는 누군가가 '내 경험상 그런 것이 좋았습니다'라는 식으로 이야기하면 받아들이기가 훨씬 쉽다. 이처럼 화법에 세심한 주의를 기울일 필요가 있다.

상품을 판매할 때도 '이것이 필요하다'는 식의 가르치는 화법이나 강제하는 화법은 곤란하다. 그보다는 '이것이 바로 당신이 찾는 것이 아닐까요?'라는 식으로 시니어의 선택을 유도하는 화법이 좋다. 역시 자신의 판단과 결정에 의한 선택이라는 느낌을 주기 때문이다. 가장 바람직한 표현은 '능동적으로 살아가는 데 필요한 제품'이라는 느낌을 주는 것이다.

시니어가 아닌 입장에서 시니어의 모습을 정형화해서 접근하는 것 또한 반감을 불러일으킬 수 있다. 미국에서 70

대 이상 시니어를 대상으로 조사했더니 60%가 미디어에서 보여주는 노인의 모습이 현실적이지 않고, 절반 이상이 무시당하는 느낌을 받았다고 했다. 예를 들어 유행에 뒤처지고 최신 기기 사용에 당황하는 모습으로 표현되는 것을 불쾌하게 생각했다. 시니어의 모습을 표현할 때는 그들의 마음을 이해하면서 세심하게 접근해야 한다.

반드시 신경 써야 할 것은 과장 광고는 안 된다는 점이다. 시니어는 활자 세대이기 때문에 광고 카피의 표현에 주목한다. 사실과 다르거나 과장이 있을 경우 해당 회사에 대한 신뢰를 거두기 쉽다. 또한 앞서 살펴보았듯이 시니어의 모바일 행동 중 두드러지는 특성이 공유 행동이기 때문에 회사 입장에서는 큰 타격을 입을 수 있다. 물론 어느 세대가 타깃이든 마찬가지겠지만 시니어 대상의 과장 광고는 특히 피해야 한다.

작은 배려가 중요하다

사람의 마음을 움직이는 것은 큰 사건이 아니다. 작은 배려 하나로도 사람의 마음을 움직일 수 있다. 민감도가 높은 시니어 타깃일수록 더 그렇다.

우선 제품이든 표현이든 단순해야 한다. 외관도 간단하고 쓰기 쉬워야 하며, 사용 방법과 사용 설명서도 이해하기 쉬워야 한다. 복잡하면 번거로운 것을 싫어하는 시니어의 짜증을 불러일으키기 쉽다.

그리고 시니어를 배려해 글자를 크게 써야 한다. MBC에 〈쇼! 음악중심〉이라는 가요 프로그램이 있다. 주로 아이돌 그룹과 젊은 층이 좋아하는 가수들이 출연하는데, 어느 날 특별히 시니어가 선호하는 트로트 가수들이 출연했다. 화면 좌측 하단에 가사가 평소보다 훨씬 크게 나오는 것을 보고 제작진의 배려가 느껴졌다. 앞에서도 얘기했지만 TV방송은 앞으로 시니어가 시청률을 좌우할 수 있음을 고려해야 한다.

영업 현장에서 시니어를 대할 때는 예의 바르게 행동하고 밝은 태도로 분위기를 가볍게 만들어야 한다. 시니어가 걱정을 잊고 즐거운 분위기를 느낄 수 있도록 만들어주는 것이 좋다. 가장 중요한 것은 미소다. 'Smile은 $mile'이라는 말이 있다. 미소가 바로 돈이라는 뜻이다.

시니어를 대할 때에는 그들의 속도가 젊은이들의 속도와 다르다는 것을 이해해야 한다. 항상 시간에 쫓기는 젊은이들과 달리 시니어는 시간 여유가 많다. 그래서 구매 결정이 느리고 신중한 편이다. 시니어를 대할 때는 인내심을 가져야 한다. 재촉하지 말고 천천히 결정하도록 배려해야 한다. 그렇다고 방치되고 소외된 느낌을 주어서는 안 된다.

진열대와 상품 배치에서도 시니어의 특성을 감안해야 한다. 시니어는 관절에 무리가 되는 동작을 부담스러워한다. 예를 들어 쭈그려 앉는 동작 등을 꺼린다. 따라서 진열대 하단에 시니어가 선호하는 상품을 두는 것은 피해야 한다. 불가피한 경우라면 하단부로 갈수록 진열대를 앞쪽으로 나오게 배치해서 쭈그리지 않아도 하단부에 있는 물건이 한눈에 보이도록 배려할 필요가 있다. 시니어가 선호하는 물건은 눈과 허리 사이의 높이에 배치하여 쉽게 고를 수 있도록 하는 것이 좋다.

행동 특성을 고려하자

시니어들은 보통 자주 이용하는 단골가게와 익숙한 제품이 있다. 나아가 친한 종업원들과 인간적인 유대관계를 맺고 유지하려는 경향이 있다. 이 때문에 큰 이익을 제시하지 않는 한 경쟁 업체에서 시니어 고객을 빼앗아 가기는 쉽지 않다. 그래서 시니어 시장에는 빨리 진입하는 것이 중요하다. 빨리 진입해서 유대관계를 공고히 쌓으면 경쟁사가 쉽게 빼앗아 가기 어려운 구조를 만들 수 있다. 한마디로 선점자의 우위(First mover advantage)가 강하게 작동하는 시장이다.

세상에는 완벽이라는 것이 없으므로 상품이나 서비스에 문제가 생길 때가 있다. 이때, 즉 시니어가 불만을 표시할 때가 중요하다. 시니어의 불만은 전파 속도가 빠르다. 공유 행동이 활발한 시니어들은 주위 사람들에게 자신의 경험과 불만을 전파한다. 이를 막으려면 초동 대처가 중요하다. 처음 불만을 표시할 때 어떻게 대처하는가에 따라 결과가 달라진다. 우선 불편을 드려 죄송하다고 사과해서 기분을 풀어주어야 한다. 그런 다음 불만 내용을 정확히 확인해야 한다. 그리고 빠르게 해결책을 제시해야 한다. 만약 지연하는 느낌을 주면 상황을 악화시킬 뿐이다. 마지막으로 미처 몰랐거나 생각하지 못한 점을 지적해주어 고맙다는, 불만 제기에 감사하는 태도를 보여주어야 한다.

사실 불만을 제기하는 일 자체가 유쾌한 경험이 아니기 때문에 시니어뿐 아니라 다른 연령대라도 옹졸한 사람으로 비칠까 봐 상당히 망설여진다. 하지만 불만 제기에 성의껏 대처하는 모습을 보여주면 마음이 풀리고, 해당 기업이나 점포를 다시금 높게 평가하는 계기가 된다. 경우에 따라서는 충성 고객이 되는 전화위복이 될 수도 있다. 만약 불만 제기를 계기로 상품이나 서비스의 질을 높이게 되었다면 기업이나 점포에도 좋은 일이다. 그렇기 때문에 불만 제기를 좋은 기회로 활용하겠다는 자세가 필요하다. 이렇게 세심하고 빠르게 대처하면 시니어는 의외로 쉽게 관용하는 모습을 보일 것이다. 오랜 경험으로 사회생활의 어려움을 잘 알고 있기 때문에 사과와 감사 인사까지 받으면 그 담당자의 입장을 이해하고 공감하는 자세로 바뀌게 된다.

또 다른 행동 특성은 약속을 지키고 어기는 것에 매우 민감하다는 점이다. 신의를 지키는 것이 얼마나 중요한지 경힘으로 잘 알고 있기 때문에 약속을 어기는 사람과는 더 이상 관계를 이어가고 싶어 하지 않는다. 아주 사소한 약속이라도 철저하게 지키는 것이 중요하다.

시니어는 하나의 시장이 아니다

시니어 시장의 특징은 다양성에 있다. 젊은 세대도 예전보다는 다양한 차이가 있다고는 하지만, 시니어보다는 다양성이 덜한 편이다. 우선 50대부터 90대에 이르기까지 연령대가 넓다. 신체 기능도 차이가 많다. 같은 연령대에서도 편차가 심하다. 소득과 자산 수준도 젊은 세대보다 편차가 크다. 직업의 유무, 배우자의 유무, 자녀의 나이 등에 따라 삶의 형태도 다양하다.

이런 물리적인 차이 외에도 기호, 가치관, 취미 등의 성향 차이가 존재한다. 따라서 연령대에 따른 횡적 구분만이 아니라 성향에 따른 종적 구분도 필요하고, 거기에서 마케팅 기회를 찾을 수 있다. 예를 들어 일본의 《LEON》이라는 잡지는 패션과 스타일에 관심이 많은 중년의 조금 나쁜 남자를 타깃으로 삼아 성공을 거두었다. 이렇게 성향에 따라 분류해보면 연령대별로 정형화된 인식에서 탈피해서 보다 입체적으로 시니어 시장을 바라볼 수 있다.

기회는 많다

아직까지 시니어 시장에서 본격적으로 기치를 올린 브랜드가 별로 없다. 백화점에 가보면 영유아 대상은 브랜드도 많고 매장도 크다. 하지만 시니어 대상 매장은 거의 눈에 띄지 않는다. 물론 출산율이 낮은 상황에서 한 아이에게 조부모, 외조부모, 이모에 고모까지 여러 개의 지갑이 동시에 열리기 때문에 경제성이 높다고는 하지만, 아이들은 점점 줄고 있고 시니어는 점점 늘고 있음을 감안하면 오히려 언밸런스한 상황이 아닌가 생각한다.

아직 진출한 회사가 많지 않기 때문에 반대로 기회가 많다고 할 수도 있다. 새로운 브랜드도 가능성이 있겠지만 과거에 유명했다가 지금은 주춤한 브랜드에도 가능성이 있다. 시니어에게 익숙하고 과거의 추억이 담긴 브랜드는 시니어 시장에 유효하게 작용할 수 있다. 이름은 살리되 새롭게 단장하여 접근하면 적은 투자로 브랜드 재활성화를 꾀할 수 있다.

새로운 브랜드를 도입하기 어려울 경우에는 기존 브랜드를 확대(extension)하는 방법도 있다. 시니어라는 명칭을 직접적으로 쓰면 반감을 줄 수 있으므로 챔피언스 투어처럼 간접적인 명칭으로 시니어 타깃임을 드러내는 방법도 있다.

기본 기능에 충실한 제품과 브랜드가 시니어 시장을 우회적으로 공략하는 방법도 있다. 시니어는 복잡한 기능을 싫어하고 기본에 충실한 것을 선호하는 경향이 있기 때문에 그런 제품과 브랜드는 시니어를 타깃으로 차분히 공략할 필요가 있다.

유니클로 광고에서 시니어 착용 장면을 삽입하는 경향이 있는데, 아마 그 점을 노린 게 아닌가 짐작한다.

앞서 말한 강력한 시니어 마케팅 플랫폼이 생기면 그런 곳과 제휴하거나 시니어 단체와 제휴하는 방법도 브랜드에 도움이 될 것이다. 미국에는 1958년에 설립된 AARP(미국은퇴자협회)라는 단체가 있다.[52] 50세 이상의 사람들이 삶을 개선하도록 돕는 비영리단체다. 4천만 명이 넘는 회원을 보유하고 있으며, 미국 3대 로비단체로 불린다. 정치인들도 AARP의 요구를 무시하기 힘들 정도로 막강한 영향력을 발휘하고 있다. 시니어에게 정보를 전달하거나 조언을 하거나 서비스를 제공하고 있다. 세계 최대 발행 부수를 자랑하는《AARP 매거진》, 1년에 10회 발행하며 온라인으로도 볼 수 있는《AARP 회보》, 분기별 잡지인《AARP Viva》, 라디오 방송, TV쇼 등을 전개하고 있다. 시니어에 대한 보고서 출간, 국제적 협력 연구, 해마다 개최하는 AARP 내셔널 이벤트 & 엑스포 등 활발한 사업을 펼치고 있다.

한편 회원들에게 건강보험, 자동차, 주택, 보험, 렌터카 등의 할인과 크루즈 여행, 휴가 여행 패키지, 신용카드, 제약 서비스, 법률 서비스, 장기 간호 서비스 등 다양한 서비스를 제공하고 있다. 이런 많은 혜택과 서비스의 바탕에는 제휴가 있다.

우리나라에 이런 강력한 단체가 존재한다면 그곳을 통해 시니어 시장에 접근하는 방법도 있다. 대한노인회, 대한은퇴자협회(KARP) 등의 조직이 있으나 아직 AARP 정도의 활발한 활동은 보이지 않는다. 만약 그런 조직이 생겨 시니어들을 강력하게 묶어낸다면 그 힘을 활용하여 브랜드의 성장을 기대하는 사례도 나타날 것이다.

우리나라에서 시니어 시장 성공 사례가 나온다면 글로벌 시장에서도 통할 가능성이 높다. 한국은 가장 단기간 내에 고령화 사회에서 고령 사회를 거쳐 초고령 사회에 진입하고 있는 나라다. 아시아 국가들은 서구 국가의 경험보다 한국의 경험을 좀 더 편안하게 받아들일 가능성이 높다. 현재 아시아 전역에 불고 있는 한류 바람을 유지·발전시키며 한국 문화에 대한 호감과 호기심을 잘 활용한다면, 시니어 시장에서의 성공 사례를 우리보다 늦게 고령 사회를 맞을 국가들에 보다 쉽게 전파할 수 있을 것이다.

50+

SMART SENIOR

SMA

>> 9 >>

이제 시작이다

의지와 꾸준함이 필요하다

지금까지 다양한 각도로 시니어와 시니어 시장에 대해 살펴보았다. 그럼 기업과 마케터의 입장에서는 어디서부터, 어떻게 시작해야 할지 생각해보자.

우선 시장에 대해 확실하게 이해하는 것에서 출발해야 한다. 이론적인 배경부터 현황 파악, 실제 시니어와의 인터뷰까지 여러 가지 방법으로 시니어 시장을 입체적으로 이해하고 분석해야 한다. 그 과정에서 기업의 상황에 맞는 아이디어들이 자연스럽게 나타날 것이다. 기업이 가지고 있는 물적·인적 자원을 고려하면서 그 아이디어들을 검토해 시니어 시장 전략을 확정해야 한다.

그런 다음에는 꾸준한 투자가 중요하다. 금방 결과가 나오지 않더라도 조바심을 갖지 말아야 한다. 시니어는 오랜 경험을 바탕으로 신중하게 움직이는 성향이 있다. 몇 번 찔러보듯이 접근하고는 결과가 빨리 나오지 않는다며 쉽게 실망한다면 시니어 시장을 공략할 기본 자세가 되어 있지 않은 것이다.

CEO의 의지가 중요하다. 반드시 시니어 시장에서 성공하겠다는 의지를 가지고, 장기적인 안목에서 투자를 지속해야 한다. 초반에는 부진과 어려움을 겪을 수밖에 없다. 거기에 굴하지 않고 지속적으로 투자와 지원을 해야 한다. 기업 경영을 다룬 책을 보니, 과거에는 신규 사업에 진출할 때 3년 후 흑자 전환, 5년 후 누적 손실 만회를 기본으로 삼았다고 한다. 하지만 요즘에는 1년 반 후 흑자 전환, 3년 후 누적 손실 만회를 목표로 하는 곳이 많다고 한다. 세상의 속도가 빨라졌으니 일면 이해도 되지만 사실 조급함의 반영이라는 생각이 든다. 더구나 시니어 시장이다. 그런 조급함으로는 성공하기 힘들다. 충성도가 강한 시니어 시장이기에 일단 성공 궤도에 오르면 오랫동안 성과를 거둘 수 있음을 기억하면서 꾸준하게 투자해야 한다.

기존의 인력만으로는 시니어 시장 진출이 쉽지 않을 것이다. 편견을 배제하고 시니어 시장을 제대로 바라볼 마케터를 양성해야 한다. 일본의 '취미인 클럽'이 30대 이하의 직원들로 선입견을 배제하고 정확한 정보에 근거해 마케팅을 전개했던 것도 음미해볼 사례라고 생각한다. 마케터를 위한 교육도 필요하다.

회사 내의 인력만으로는 부족하기 때문에 시니어 시장을 잘 아는 전문가를 위촉해 자문단을 구성하는 것도 좋은 방법이다. 시니어와 지속적으로 대화를 나눌 수 있는 모니터링 그룹도 유용할 것이다. 시니어 시장에 관심을 가지고 연구하는 컨설팅회사 또는 광고회사를 파트너로 활용하는 것도 괜찮은 방법이다.

시니어 시장은 폭발적인 파워를 자랑하는 단거리 경주가 아니다. 꾸준히, 한 발 한 발 전진하는 마라톤 경기에 가깝다. 일단 첫발을 내딛는 것이 중요하다. 마라톤 경기를 시작하는 마음으로 출발해보자.

이제 시작이다

포스트 코로나 시대,
시니어를 향한 마케팅 전략

우리가 쓰고 있는 연도 표기는 BC(Before Christ), AD(Anno Domini, '주님의 해'라는 뜻의 라틴어), 즉 기원전과 기원후라는 서양의 방식을 따르고 있다. 그런데 코로나를 기점으로 BC와 AC(Before & After Corona)로 나누어야 한다는 말이 나올 정도로 코로나가 우리에게 준 충격은 크다.

특히 시니어가 받는 충격은 더욱 강하다. 고령자와 기저질환 보유자가 코로나에 취약하다는 보도가 쏟아지고 있으며, 안타깝게도 사망자의 상당수가 고령자다. 실제 피해를 입지 않더라도 심리적 충격이 다른 연령대보다 더 클 수밖에 없다.

역사적으로 강한 충격은 강한 변화를 만들었다. 이번에

도 그 변화의 방향이 긍정적이든 부정적이든 변화의 강도는 높을 것이다.

포스트 코로나 시대에 대한 전망이 도처에서 나오고 있다. 여기서는 그런 내용을 나열하기보다는 포스트 코로나 시대는 시니어에게 어떤 영향을 미칠 것이며 거기서 어떤 마케팅 기회가 있을지 찾아보았다.

우선 코로나 시대에 시니어는 기초 체력과 면역력에 대한 관심이 더욱 높아졌다. 기저질환이 있는 사람들이 코로나에 더 취약하다는 것을 알고 건강 관리의 중요성을 새삼 느끼게 된 것이다.

통계청에 따르면[53] 2018년 한국인의 기대수명은 82.7세인 반면 건강수명은 64.4세에 불과하다. 건강하지 못한 상태로 사는 기간이 18.3년이나 된다. 오래 사는 것도 중요하지만 건강하게 오래 사는 것이 더 중요하다. 평균 수치와는 별개로 각자의 노력에 따라 건강하게 사는 기간은 달라질 수 있다. 스포츠로 기초 체력을 다지고, 건강보조식품과 평소 식생활에 신경을 쓰는 시니어가 더 늘어날 것이다. 더 나아가 시니어가 건강 관리와 식생활 관리를 꾸준히 할 수 있도록 도와주는 사람 또는 프로그램이 각광받을 가능성이 있다.

코로나 시대에는 실내생활이 많아지니 당연히 미디어 접촉이 많아졌다. 부산복지개발원의 조사에 따르면,[54] 시니어의 TV, 컴퓨터, 휴대폰 사용 시간이 늘었다고 한다. 집콕의 시간이 늘어나면서 기존 미디어들은 물론 유튜브, OTT서비스 이용 경험과 이용 시간이 많아졌을 것이다. 온라인 쇼핑과 다양한 앱 서비스, 택배 서비스 이용 경험도 증가했을 것이라 짐작한다. 가족과 같이 보내는 시간이 많아지면서 자녀로부터 도움을 받고 배우고 써보는 기회도 많아졌을 것이다. 결국 디지털 환경에 대한 경험이 증가하면서 디지털에 대한 친숙도가 높아졌을 것이다. 따라서 포스트 코로나 시대에는 시니어가 디지털 환경에 대한 거부감이 강할 것이라는 편견을 빨리 떨쳐버리고, 오히려 디지털에 기반한 시니어 관련 서비스와 마케팅을 적극적으로 전개할 필요가 있다.

코로나 시대는 사람들에게 사회적 유대관계의 소중함을 일깨워주기도 했다. 시니어는 인간관계의 중요성이 더 높은 연령대다. 아마 포스트 코로나 시대에는 시니어의 인간관계 욕구가 폭발적으로 증가할 것이다. 개별적인 인간관계만이 아니라 집단에 소속감을 느끼고 싶은 욕구도 강하게 표출될 것이다. 앞에서 계속 언급한 '시니어의 조직화'를 이뤄내고 궁극적으로 '시니어 마케팅 플랫폼'으로 발전시킬 수 있는 호기라 생각한다. 어떤 회사, 어떤 브랜드가 앞서 나갈 것인지 궁금하다.

집단면역이 순조롭게 이뤄진다면 2021년 말에는 코로나의 위험에서 비교적 자유로워질 것이라 한다. 불안감 속에서 보낸 시간이 2년이다. 그 시간이 허무하게 지나가 아쉽다는 느낌을 누구나 가질 것이다. 그런데 그 느낌은 시니어가 더욱 강할 것이다. 살아온 시간보다 살아갈 시간이 적다고 생각하는 사람은 시간에 대한 아쉬움과 조바심이 클 수밖에 없다. 그래서 시니어는 포스트 코로나 시대에 이전보다 더 적극적일 가능성이 높다. 움츠렸던 여가생활, 문화생활 등의 욕구가 행동으로 분출될 것이다. 이런 욕구를 효과적인 마케팅 전략을 통해 성과로 연결해내는 브랜드는 시장에서 앞서 나갈 것이다. 또한 이 과정에서 시니어와 애착관계를 잘 만들어내면 시니어 마케팅 시장에서 확실한 기반을 다질 수 있을 것이다.

대국적으로 보면 코로나 상황을 통해 정치적인 입장과

관계없이 보건·복지의 필요성을 더 크게 느끼는 계기가 되었다고 생각한다. 이 같은 공감대는 앞으로 보건·복지 분야에서 사회적 컨센서스를 형성하는 데 큰 밑거름이 될 것이다. 거기서 발생하는 정책 흐름을 잘 파악해 선도적으로 비즈니스를 전개하면 앞서가는 기업과 브랜드가 될 수 있을 것이다.

위기가 곧 기회라는 말이 상투적이라고 하지만 이런 상투적인 표현이 계속 쓰이는 것은 그것이 진리이기 때문이다. 포스트 코로나 시대에 시니어를 대상으로 한 지혜롭고 독특한 마케팅 성공 사례, 더 나아가 다른 나라에서도 본보기로 삼을 수 있는 비즈니스 성공 사례들이 많이 나오기를 바란다.

1 최성재 서울대 명예교수에 따르면, 고령 사회 분류는 UN에서 한 적이 없고, 일본에서 분류한 것을 따랐을 뿐이며, 초고령 사회 기준도 21%가 논리적으로 맞다고 한다. 그러나 여기서는 일반적으로 통용되는 기준에 따랐다.

2 한국노인인력개발원, 2017.

3 《2020 시니어 트렌드》, 17쪽.

4 《2020 시니어 트렌드》, 20~21쪽.

5 《2020 시니어 트렌드》, 93~94쪽.

6 《시니어 마케팅》, 12쪽.

7 《거대시장 시니어의 탄생》, 172~173쪽.

8 DB금융투자 〈시니어의 역습〉, 박현진 연구원, 2020년 1월.

9 〈장수경제의 부상〉에서 재인용, 하나금융경영연구소, 2019년.

10 고령사회 수요변화에 대응하는 고령친화산업 발전과제와 시사점, 2019.

11 〈한경닷컴〉, 2016.5.16.

12 채널CJ, 2002.5.8.

13 《시니어 산업화 글로벌 마케팅》, 280쪽.

14 〈조선닷컴〉, 2019.4.25.

15 《소비자경제》, 2019.11.14

16 국토교통부 2017년도 주거실태조사.

17 〈연금이슈 & 동향분석〉 제56호, 2019.3.

18 〈파이낸셜뉴스〉, 2020.9.11.

19 보건복지부 고시 제2019-173호.

20 보건복지포럼, 2019년 5월.

21 《시니어 마케팅의 힘》, 35쪽.

22 2016 통계청 국민이전계정.

23 《2020 시니어 트렌드》, 249쪽.

24 《시니어 산업화 글로벌 마케팅》, 133~136쪽.

25 《거대시장 시니어의 탄생》, 27~32쪽.

26 《2020 시니어 트렌드》, 174~175쪽.

27 《2020 시니어 트렌드》, 243쪽.

28 《시니어 산업화 글로벌 마케팅》, 256쪽.

29 채널CJ, 2020.5.8.

30 《시니어 마케팅》, 62쪽.

31 '김정근의 시니어비즈', 중앙일보, 2019.6.15.

32 《시니어 마케팅의 힘》, 179~180쪽.

33 시니어 마케팅, 63쪽.

34 《2020 시니어 트렌드》, 89, 315쪽.

35 채널CJ, 2020.5.8.

36 내외방송, 2020.4.26.

37 《시니어 산업화 글로벌 마케팅》, 288~289쪽.

38 《시니어 마케팅의 힘》, 76쪽.

39 《시니어 마케팅》, 69쪽.

40 《시니어 마케팅》, 55쪽.

41 DB금융투자 〈시니어의 역습〉, 박현진 연구원, 2020년 1월.

42 《시니어 마케팅》, 174~175쪽.

43 《시니어 마케팅》, 45~46쪽.

44 《시니어 마케팅의 힘》, 212쪽.

45 《시니어 마케팅의 힘》, 173~174쪽.

46 《시니어 마케팅》, 209~210쪽.

47 《시니어 마케팅의 힘》, 195쪽.

48 《시니어 마케팅의 힘》, 62~63쪽.

49 《거대시장 시니어의 탄생》, 203~204쪽.

50 《시니어 마케팅》, 42쪽.

51 《시니어 마케팅》, 81쪽.

52 《시니어 마케팅의 힘》, 66~67쪽.

53 통계청, 2019 한국의 사회지표.

54 부산복지개발원, '코로나19로 인한 노인생활의 변화'.